W0207974

CASAS SEÑORIALES DE MALLORCA

CASAS SEÑORIALES DE MALLORCA

MARELLA CARACCIOLO
◆
FRANCESCO VENTURI

DIANDRA DOUGLAS

CARTAGO

VIS A VIS
J . L . MITJANS

Este libro esta dedicado a NICOLAS SAPIEHA

Publicado por Cartago, Londres.
Una publicación de KEA Publishing Services Ltd., 63 Edith Grove, Londres SW10 0LB.

Distribución : Editorial Gustavo Gili, S.A., Rosselló 87–89, 08029 Barcelona, España.

Libro producido por © KEA Publishing Services Ltd., Londres.
Todos los derechos reservados.
Prohibida la reproducción total o parcial sin autorización de la empresa editora.
Edición original : Houses and Palaces of Majorca, Tauris Parke Books, London.

Texto © 1996 Marella Caracciolo
Fotos © 1996 Francesco Venturi/KEA
Prefacio © 1996 Diandra Douglas
Prólogo y pies de foto © 1996 P. de Montaner
Las fotos de las páginas 102 and 108 © Roberto Schezen/Esto

Coordinación del proyecto en Mallorca : Antonio Obrador

Diseño gráfico : Barbara Mercer
Redacción : Judy Spours, Celia Forner
Producción : Elizabeth Harcourt, Francesco Venturi
Mapas : Sarah Jane Stafford

Traducción castellana : Irene Saslavsky

ISBN 1 900826 02 X

Fotocomposición : August Filmsetting, St. Helens, U.K.
Fotolitos : Amilcare Pizzi, Milan.
Impreso en Italia por Amilcare Pizzi, Milan.

El autor y el fotografo desean expresar todo su agradecimiento por la asistencia y hospitalidad a : Paco Carvajal; Mario Cilimingras; Grillo Demo; Michael y Diandra Douglas; Fernando y Maria del Carmen Fortuny; Phillip y Diana Harari; Paca Iglesias; Ben y Yannick Jakober; Cristina Macaya; Juan Luis Mitjans; Antonio Obrador; Mimia Rodriguez Mori; Leslie Spitz; Juan y Gloria Truyols; Clara Urquijo; Felipe de Villalonga; Christian Völkers; Natasha Zupan;
y Celia, por el regalo más grande del mundo.

Asimismo deseamos expresar nuestra gratitud a : Ayuntamiento de Palma; Jose Maria y Juan Bauze de Mirabó; Francisco y Mercedes Conrado; Tatiana Dumas; Margalida Ferrá I Boutroux; los Condes de Fontanar; Lorenzo y Inmaculada Fluxá; J Hillgarth; Vicente Homar y Ferrer de Sant Jordi; familia Jaume; familia Juan de Sentmenat; familia March Cencillo; Julio Martin; familia Nigorra; familia Oleza; Cristina Oliver; Patrimonio Nacional; Antonio Puente; Isabel Ribas; Jean Pierre Rousselet; familia Garcia Ruiz; Cristobal Segui Colom; familia Sevilla; familia Truyols; Joaquin y Pilar Vidal; Catalina Zaforteza; Tomas y Carmina Zaforteza; Jose y Dolores Zaforteza Delgado; los Condes de Zavella.

DENARIO

Los Editores desean especialmente expresar su agradecimiento a Denario en Palma de Mallorca, por toda la asistencia, coordinación y uso de las oficinas durante la preparación de este libro.

DENARIO

CUBIERTA: *Vista panorámica desde la logia de Son Marroig.*

CONTRACUBIERTA: *Despacho en la planta baja de Son Berga Nou, decorado con recortes varios de finales del siglo XIX.*

PÁGINA 1: *Detalle de la chimenea en el comedor del Palacio del Rey Sancho, Valldemossa.*

PÁGINA 2: *Detalle del jardín de Bendinat, construido hacia 1865 por la condesa húngara Erzsébet Széchény.*

Sumario

En los muros del patio de Son Berga, se aprecian elementos arquitecónicos procedentes de edificios derribados en la ciudad de Palma y que fueron coleccionados por la familia.

PÁGINAS 8–9: *Detalle de los esgrafiados en la fachada de Miramar, en Deiá.*

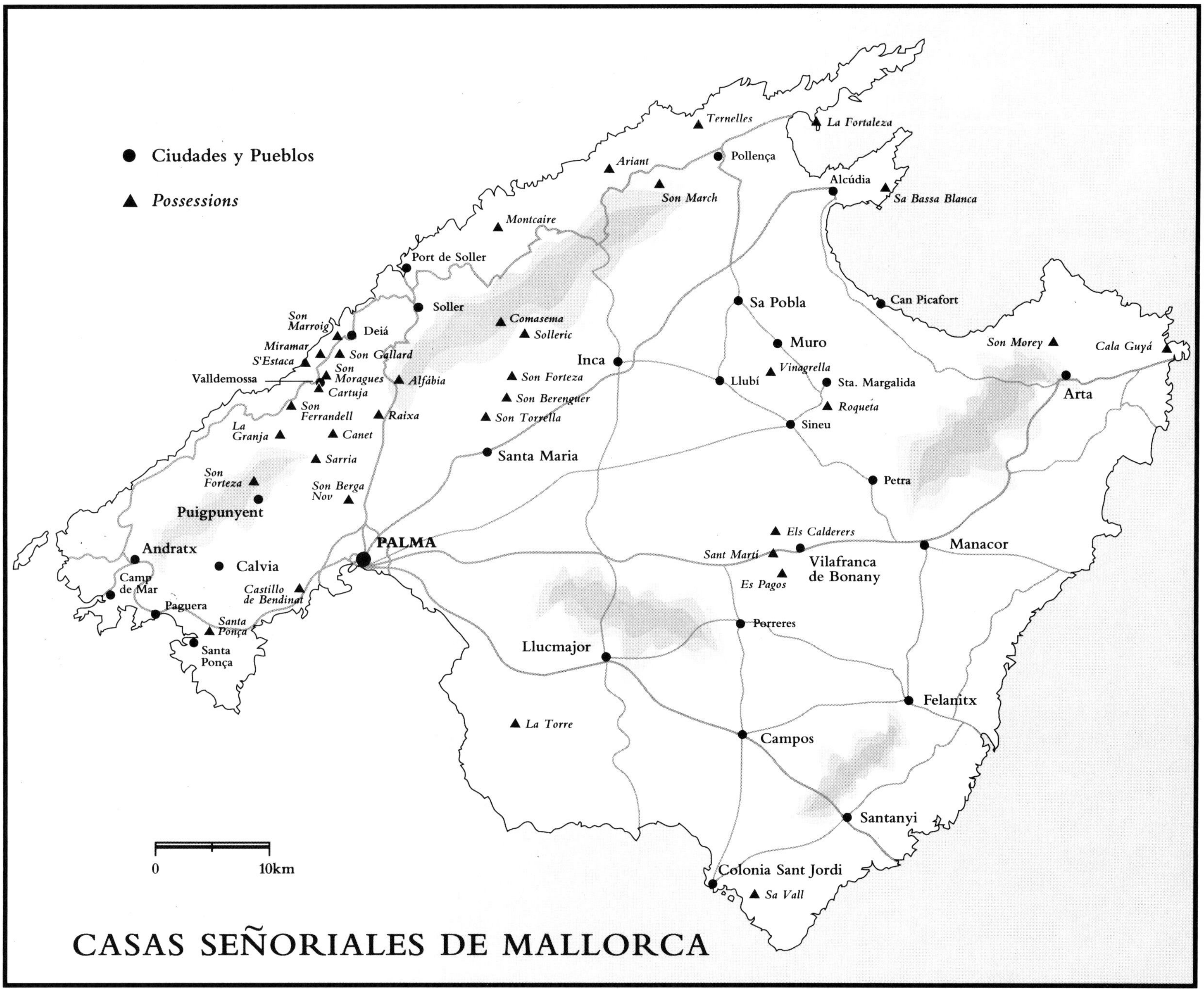
Ciudades y Pueblos
Possessions
Ternelles
La Fortaleza
Pollença
Ariant
Alcúdia
Son March
Sa Bassa Blanca
Montcaire
Port de Soller
Soller
Comasema
Solleric
Sa Pobla
Can Picafort
Son Marroig
Deiá
Miramar
S'Estaca
Son Gallard
Son Moragues
Valldemossa
Cartuja
Alfàbia
Son Forteza
Son Berenguer
Son Torrella
Inca
Muro
Vinagrella
Llubí
Sta. Margalida
Roqueta
Son Morey
Cala Guyá
Arta
Son Ferrandell
Raixa
La Granja
Canet
Sineu
Sarria
Santa Maria
Son Forteza
Puigpunyent
Son Berga Nov
Petra
Els Calderers
Andratx
PALMA
Manacor
Calvia
Sant Martí
Vilafranca de Bonany
Es Pagos
Camp de Mar
Castillo de Bendinat
Paguera
Santa Ponça
Santa Ponça
Porreres
Llucmajor
Felanitx
La Torre
Campos
Santanyi
0
10km
Colonia Sant Jordi
Sa Vall
CASAS SEÑORIALES DE MALLORCA

Prefacio

Por Diandra Douglas

El amor por Mallorca comenzó en los años fantasiosos de mi infancia. Hubiera sido difícil hallar un ambiente más etéreo para despertar mi imaginación. Mis días estaban repletos de aventuras interminables: montaba en la mula de la granja en busca de caminos romanos perdidos entre las montañas verdes y frondosas, asomadas a un horizonte mediterráneo que parecía interminable.

El rico patrimonio de Mallorca es un crisol de culturas diversas; comenzó con las refinadas tribus de la Edad de Bronce, cuyos templos de culto estaban construidos con piedras enormes: cómo las transportaron constituye un desafío para la imaginación. Estos templos son asombrosamente parecidos a los de Stonehenge, e incluso en la actualidad montan guardia en la costa septentrional como recuerdo de una época mágica y maravillosa. Más adelante, los fenicios convirtieron Mallorca en uno de los puertos más ricos de la ruta comercial dedicada al comercio del tinte púrpura. No sólo trajeron consigo sedas finas y especias de Oriente, sino también una cultura muy sofisticada y habilidosa: eran tejedores, ceramistas, viticultores y orfebres en oro y plata. Los piratas estaban ansiosos por aprovecharse de los ricos comerciantes; por ello fueron construidas las ciudadelas protectoras de Mallorca, y aún hoy pueden observarse sobre varias montañas destacadas de la isla.

Detalle de la capilla de Es Pagos, en Vilafranca.

Dichas ciudadelas inspiraron las casas campesinas de Mallorca, que eran tanto granjas funcionales como fortalezas. En la actualidad, estas casas muestran la evolución de la arquitectura mallorquina a lo largo de la invasión romana y la ocupación árabe posterior: muchos de sus detalles muestran las huellas dejadas por estas culturas riquísimas. Los romanos construyeron una red de caminos de piedras talladas a mano que abarcaban toda la isla y unas fortalezas alejadas por un día a caballo unas de otras. Eran estructuras exclusivamente prácticas. Por el contrario, la ocupación árabe introdujo un gusto por lo fantasioso y lo exagerado, como los arcos adintelados y las fachadas pintadas, que se hallan en la Almudaina y en Alfábia. Cuando los ejércitos cristianos expulsaron a los moros de la España peninsular, huyeron a Mallorca, donde permanecieron durante dos siglos más. Desde mi punto de vista, la influencia árabe en la arquitectura mallorquina es uno de los recursos culturales más ricos de la isla.

De niña me maravillaba la belleza de la antigua ciudad de Palma, con su catedral gótica que ocupa un sitio único a orillas del Mediterráneo, y sus estrechas calles de piedra de fachadas austeras y puertas enormes. Fiel a la tradición árabe, detrás de muchos de estos exteriores más bien adustos se hallaban palacios ocultos con patios hermosos y grandes escalinatas de piedra: cada uno un mundo en sí mismo, diferente en cuanto a período y diseño, pero todos verdaderamente magníficos. Estos son los secretos mallorquines mejor guardados.

Mi amor personal por Mallorca, su belleza natural y su arquitectura rica y

PÁGINA OPUESTA: *Entrada de S'Estaca, en Valldemossa, construida por el archiduque Luis Salvador segun su propio dibujo en 1878. Se inspiró en una casa que visitó en Sicilia durante uno de sus viajes.*

variada, está estrechamente relacionado con el archiduque Luis Salvador. Muchos años de mi juventud transcurrieron en su amado hogar, Miramar, en la costa septentrional de Mallorca. Originariamente fue construido como ciudadela y, siglos después, se convirtió en una casa de campo; en el siglo XIX se transformó en la residencia particular del archiduque y reflejaba los gustos populares de la época en las cortes italiana y austríaca. Luis Salvador era un hombre viajado y de una gran educación artística; además fue antecesor de Thoreau en cuanto a sus ideas medioambientales. En Miramar redactó cuatro libros ilustrados acerca de la flora, la fauna y la historia de Mallorca, y dejó muchos cuadernos con bocetos ilustrando la vida campestre y los paisajes isleños.

Muchos días de mi infancia transcurrieron en el desván de Miramar, donde rebuscaba en grandes cestas de mimbre que contenían sus dibujos, sus fósiles y algunas ediciones de la revista *The National Geographic* de finales del siglo XIX. Solía sentarme allí y soñar con sus aventuras y sus viajes, además de los de su amado yate, el 'Nixe', hacia destinos exóticos tales como África y Egipto. Por las noches, invitaba a mis amigos de Deiá a comer espaguettis en la azotea de la pequeña capilla de los jardines de Miramar; solíamos jugar al escondite durante horas. Mi unión con Miramar sigue viva e intensa hasta el día de hoy.

S'Estaca fue construida y diseñada por el archiduque en el mismo estilo de una mansión siciliana en la que pasó su juventud. También tiene algunas influencias árabes. Situada sobre un acantilado entre cientos de terrazas de piedra que se asoman al mar, esta casa era su viñedo y servía como residencia de su amante Catalina Homar. Tengo muchos recuerdos infantiles de excursiones a S'Estaca y sus jardines mágicos; ese sitio nunca dejó de tener cierto aire místico. Hoy en día S'Estaca, después de muchos años de restauración histórica meticulosa, se ha convertido en una residencia veraniega para mí, mi esposo Michael y mi hijo Cameron. Estoy comprometida con la conservación de la costa septentrional de Mallorca, sus edificaciones históricas y su cultura, en agradecimiento por los años de belleza y serenidad que he pasado en este sitio mágico.

Detalle de una silla mallorquina en el comedor de Son Forteza, en Alaró.

PÁGINA 14: *Vista panorámica de Comasema, en el valle de Orient.*

PÁGINA 15: *Detalle del granero de Els Calderers.*

La bodega de S'Estaca, construida por el archiduque Luis Salvador en 1880. Despues de años de abandono, los actuales dueños producen de nuevo un delicioso vino.

Detalle del salón adamascado de Vinagrella con un típico retrato mallorquín de Doña Cecilia Dameto i de Togores.

PÁGINAS 18–19: *Vista panorámica de la Cartuja de Valldemossa. Aquí pasaron un invierno, bastante accidentato, George Sand y Frédéric Chopin.*

PÁGINA OPUESTA: *Detalle del patio de Son Ferrandell, Valldemossa, siglo XVII.*

Prólogo

Por P. de Montaner

Mallorca ha conocido, a lo largo de su historia, dos breves pero sangrientas revoluciones sociales: la primera, desde 1450 a 1453, cuando los campesinos se alzaron contra la aristocracia y los mercaderes; la segunda, desde 1521 a 1523, en que fueron mayormente los menestrales quienes capitanearon la revuelta contra aquellas mismas oligarquías en un intento de ofrecer a Carlos V un reino "renovado" – como en la península ibérica hacían los comuneros. Ambas fueron rápidamente aplastadas y de ello resultó por dos veces consecutivas reforzado el poder de las élites: así, conforme avanzó el siglo XV, el feudalismo se recrudeció, los caballeros mallorquines – *cavallers* – acentuaron sus vistosas galas, al tiempo que los ricos mercaderes hacían que las naves mallorquinas figurasen entre las más conocidas del Mediterráneo. Y, después del trauma sufrido en 1522, todavía se aplicarán con más fuerza las jurisdicciones de los barones que lo serán ahora *muy* en serio, se consagrarán como miembros de la aristocracia las influyentes dinastías de juristas – *micers* – que elegían sus nombres en las fuentes clásicas (Príam, Teseu, Horaci), y los mercaderes se convertirán, con el pleno apoyo de las autoridades, en *ciutadans militars*, primer escalón hacia el ennoblecimiento pleno – entre 1522 y 1700 un centenar de mercaderes obtendrán ese título.

Se diría, pues, que tras aquellos momentáneos sobresaltos, las élites mallorquines continuaron sin problemas su proceso de ascensión social, pero eso no es exacto. De hecho, otra guerra civil las tenía a ellas por protagonistas, una conmoción perenne, anterior y posterior a las populares. Porque desde la caída "oficial" del reino independiente de Mallorca (1349), era constante la lucha entre los grandes clanes caballerescos – que hasta entonces defendieron aquella independencia – por la preponderancia en esta isla que, a todos efectos, se convertía repidamente en una especie de república italiana. Y esos clanes englobaban amplísimas "clientelas" reclutadas en todas las capas del resto de la sociedad isleña. Es igual que casi siempre la chispa denotadora se presente, oficialmente, como una historia al estilo de Romeo y Julieta. La verdadera causa no es otra que la pugna entre los nobles por el mayor control de un reino que, lejos de gobierno central, es regido por unos virreyes que se suceden impotentes ante el número de bandoleros que aquéllos emplean en las razzias de tierras con que se castigan mutuamente – sin contar con el elevado número de crímenes que se cometen en el campo y en la propia capital, a veces junto al mismísimo Palacio Real de la Almudaina. El siglo XVII será el mayor exponente de esa situación, y, por ello, el principal responsable de las características de la arquitectura señorial mallorquina tal como ha llegado hasta nosotros, porque marca mediante considerables reformas la configuración de la casa tanto en la ciudad como en el campo. En la capital, Ciutat de Mallorca (que desde principios del siglo XVIII se llamará oficialmente Palma) se procura que los patios góticos sean *substituidos*, en su propio espacio, por versiones nuevas, a ser posible con columnas – lo que por sí justifica

PÁGINA OPUESTA: *Detalle del artesonado de la galería gótica en la Almudaina, Palma.*

PÁGINA OPUESTA: *Detalle de la fachada gótica de la Almudaina.*

que no haya, en Palma, construcciones *ex nihilo* anteriores a la segunda mitad de siglo XVIII, salvo rara excepción. Y en las casas de las fincas principales (*cases de possessió*) que los nobles fortifican, porque las luchas entre ellos son ya tremendas, como también en las de los "señores campesinos" (*senyors pagesos*).

En Mallorca, ese siglo XVII es ante todo, por lo que se refiere a la arquitectura, un período de replanteamiento: las casas de la capital son más señoriales, las de las *possessions* son más fortalezas. Y la inevitable *exaltatio* que en lenguaje alquímico – consideramos benevolentemente este paralelismo – sucede a la magnífica *putrefactio*, llegrá en el siglo XVIII porque, si bien siguiendo un modelo ya aplicado en los últimos años del siglo XVII, es verdaderamente bajo los Borbones cuando se desarrolla la casa que es, ya, considerada auténticamente palaciega. Can Vivot es el primer caso: la substitución de su patio en torno a 1690 es, en efecto, producto de un replanteamiento del estilo dominante en la capital mallorquina en la segunda mitad de aquel siglo, pero la gran reforma esperada y – según pienso, deseada – se lleva a cabo en los primerísimos años del reinado de Felipe V, a quien, por cierto, el marqués hace dedicar su biblioteca. Seguirán otras reformas, y digo reformas porque tanto en Palma como en el resto de la isla encontrar una casa de nueva planta después del siglo XVII es algo sólo excepcional. La imponente Can Berga, la espectacular Ca La Torre casi pegada a los fortificaciones, o Can Chacón con su delicada logia sobre las mismas murallas, son obras dieciochescas. Como lo son, fuera de Palma, las casas de Alfàbia (con sus famosos jardines), o Son Berga Nou – una de esas excepciones de edificios de nueva planta – echa construir por Dona Cecília Zaforteza i de Berga, marquesa de Vilafranca y dama de una extraordinaria sensibilidad. Y, suma y compendio de todo ello, es el más tardío de los "palacios" de la nobleza mallorquina: Can Solleric, en el que voluntariosamente se quiso variar el modelo de patio introducido en Can Vivot construyéndose, hacia 1760, una escalera que se desarrolla justo al revés de la suya (allí un tramo da nacimiento a una doble rampa, aquí es el contrario) y con columnas de fusta finísima en lugar de las muy gruesas de aquél.

El lector puntilloso habrá observado que acabo de escribir *palacio* entre comillas. Lo he hecho a proposito. Nada puede poner más violento a un noble mallorquín que vive en su casa ancestral que le digan esa palabra aplicada a su casa. En Mallorca, la casa del noble en Palma no es más que "la casa de" (*can*), y él se refiere a ella como "nuestra casa" (*ca nostra*), como la de su finca (*possessió*) es "las casas" (*ses cases*), siempre en plural. El *Palau* es el episcopal, y la Almudaina, la vieja residencia de los reyes de Mallorca, luego de los virreyes, y hoy oficialmente del rey Juan Carlos, es *Palácio*, castellanismo ya muy respetable porque se documenta nada menos que en el siglo XV.

Escudo de D. Joan Sureda i de Villalonga, marqués de Vivot, que reformó parte de Can Vivot entre 1685 y 1720.

Artesonado mudéjar, situado en la entrada principal de Alfábia.

Fachada del siglo XVIII en Alfábia, única por su estilo en Mallorca.

Detalle de una arquilla del siglo XVIII en Can Vivot, Palma.

El fresco en un dormitorio de Can Vivot, pintado por Giuseppe Dardanone entorno al 1712, representa la boda de Tetis y Peleo.

Bendinat, Calviá. Detalle del panel que representa al rey Jaime I después de la conquista de Majorca, en el comedor de las familias Despuig y Rocabertí (siglo XIX).

PÁGINAS 30–31: *La cocina de Son Forteza de Puigpunyent es uno de los ejemplos mejor conservados.*

Detalle de la fachada de Bendinat.

• I •

Historia de Mallorca

Los mallorquines són un pueblo apuesto y robusto y sus mujeres tienen un andar grácil. Son una raza mixta, de fundamentos prehistóricos ibéricos, con estratos fenicios, griegos, romanos, de vándalos, moriscos, de Pisa y de Aragón. Hay un gran elemento judío . . .

Robert Graves, *Why I Live in Majorca*, 1593

Las Islas Baleares están situadas en el mismísimo corazón del Mediterráneo. España, Francia e Italia las rodean en un abrazo amplio, que se extiende desde el oeste hasta el norte y el este. África del Norte las encara desde el sur.

Como su nombre sugiere, Mallorca es la isla más grande. También es la más fértil. Sus costas soleadas y su flora y fauna variadas han provocado frecuentes invasiones. Los griegos, los romanos y los vándalos, y más adelante los árabes y los cristianos, todos, en algún momento u otro, han librado guerras duras y amargas en sus intentos por conquistar y colonizar Mallorca. Como resultado, su papel en la historia ha sido el de un gran campo de batalla en el que los poderes económicos y religiosos han medido sus fuerzas y se han desafiado hasta la destrucción. En las épocas más recientes y pacíficas a partir del siglo XV, los mismos mallorquines capitalizaron su posición geográfica y transformaron esta isla en uno de los principales centros de comercio del mundo.

Las influencias multirraciales han infundido a todas las islas, y la de Mallorca en particular, una cultura híbrida que las diferencia del resto de Europa. También generaron un espacio ideal y fértil para la invención de mitos y leyendas acerca de su historia. Los griegos por ejemplo, solían llamar a estas islas *Gymnesias*, a causa de la curiosa costumbre de sus habitantes de pasearse desnudos. Los romanos cambiaron su nombre por el de Islas Baleares (del griego *ballein*, que significa 'arrojar') a causa de la extraordinaria destreza de sus habitantes en el uso de la honda como arma.

Los romanos llegaron a Mallorca en el año 123 aC, conducidos por el célebre capitán Quintus Caecilius Metellus, y conquistaron la isla de los 'honderos' con su astucia característica. Los costados de las naves de la flota romana estaban cubiertos de pieles de animales para proteger a los soldados de la lluvia de piedras arrojadas desde la orilla. La isla floreció bajo Metellus, que fundó las ciudades de Palma y Alcudia, donde se asentaron y prosperaron más de 30.000 colones; construyeron ciudades, fuertes y caminos, y cultivaron olivares y viñedos. Los romanos se referían a Mallorca como Balearis Major, mientras que Menorca era Balearis Minor. El camino recto entre Palma y Alcudia aún conserva indicios de la vía romana original.

PÁGINA OPUESTA: *Vista del patio de columnas del Palau March desde la entrada principal.*

Detalle de la fachada de Can Solleric, en Palma, hacia 1760.

En el año 38 aC, Mallorca se convirtió en una parte del Imperio Romano y, poco a poco, asimiló el idioma y las costumbres de Roma, incluyendo la llegada del cristianismo. Algunos historiadores creen que San Pablo visitó esta isla, y existen algunas reliquias cristianas que se remontan al siglo IV y V dC. Sin embargo, durante el transcurso del siglo V, los edificios romanos de la isla fueron reducidos a meros fragmentos por los vándalos de África del Norte. Algunos trozos, en su mayor parte provenientes de muros, fueron utilizados como cimientos para edificaciones posteriores.

Los Moros

De las muchas civilizaciones que se asentaron en Mallorca antes de la conquista cristiana en 1229, la que tuvo el impacto mayor y más prolongado sobre su cultura y sus costumbres fue la árabe. Los moros dominaron la isla durante aproximadamente cuatro siglos y, aunque los cristianos prácticamente acabaron con ellos, sobrevivieron algunos elementos del estilo islámico en la arquitectura. Chopin, que visitó la isla en 1838, escribió acerca del 'aspecto árabe' de Palma, que aún puede percibirse hoy en día: por ejemplo las callejuelas oscuras y serpenteantes del barrio central de Portella parecen evocar la disposición intrincada de las casbas islámicas medievales. También hay patios secretos, y jardines ocultos tras los muros y las puertas de los palacios de la ciudad – además de múltiples detalles decorativos individuales – que también recuerdan el gusto y estilo árabe.

La invasión morisca de la isla comenzó como un proceso lento y pacífico. Aunque los árabes invadieron la península ibérica en 711 dC, de algún modo Mallorca y las demás islas lograron mantenerse autónomas durante dos siglos más. Durante este período, pequeños grupos de musulmanes emigraron a la isla desde la región española de Andalucía. Hasta finales del siglo IX Mallorca no se volvió atractiva para el imperio árabe en constante expansión. Según una de las muchas leyendas populares que rodean su historia, el momento decisivo que finalmente llevó a los moros a considerarla como una conquista posible llegó durante una tormenta. Tras ésta, un tal Isam al-Khawlânî, un musulmán rico que viajaba desde Córdoba a La Meca, quedó varado en la isla con su flota. Obligado a pasar varios días en Mallorca, Isam dedicó su tiempo a explorar el

PÁGINA OPUESTA: *Vista de la Almudaina con la Catedral.*

interior de la isla, además de sus costas. A su regreso a casa, informó al Emir de sus descubrimientos y pidió permiso para conquistarla. Esto fue llevado a cabo con facilidad en los años 902–903 dC, cuando Isam se autoproclamó gobernador – o *wâlî* – de Mallorca. En esa época, lo que hoy se conoce como ciudad de Palma se llamaba Medina Mayurqa.

Antes de la conquista de la isla por los moros, ésta había caído en un estado de abandono. Sus antiguas ciudades estaban en ruinas y el número de habitantes locales había disminuido considerablemente desde el final del Imperio Romano. La agricultura de la isla, rica en potencia gracias a sus planicies fértiles, estaba paralizada. Por ello, cuando finalmente Isam llegó para gobernar Mallorca durante dos años, empleó todos sus esfuerzos en reconstruir la ciudad principal, Palma, adaptándola a las necesidades de su pueblo. Así, Mallorca se convirtió en una provincia dependiente de Córdoba y a partir de entonces, durante un largo período, los gobernadores de la isla solían poner sus flotas a disposición de los soberanos peninsulares. Los mallorquines participaban a menudo en las expediciones musulmanas a lo largo de las costas catalanas y francesas. A comienzos del siglo XII, los moros, y en especial los moros mallorquines, se habían convertido en amos absolutos, o mejor dicho, en tiranos del Mediterráneo: llevaban el terror y la confusión por doquier, atacando las costas y saqueando las naves mercantes de los cristianos. La alarma de los estados italianos, especialmente los de Génova y Pisa, fue en aumento frente al número y la violencia de los ataques a sus embarcaciones.

Detalle de la fachada del Ayuntamiento de Palma, siglo XVII.

Su resentimiento inevitablemente condujo a una serie de represalias. En el año 1115, Medina Mayurqa sufrió un feroz ataque de los pisanos y los catalanes, que habían unido sus fuerzas en un intento de erradicar la piratería. La ciudad fue conquistada, brutalmente destrozada y despojada de muchos de sus tesoros. Sin embargo, los moros convencieron a los atacantes de volver a venderles la isla, si bien es cierto que por una gran cantidad de dinero.

Después de este ataque, la isla continuó bajo el dominio moro durante más de un siglo. En 1127, la dinastía de los Almorávides, un secta musulmana extremadamente fundamentalista, convirtió la isla en una soberanía independiente y la gobernó durante varias décadas. Durante este tiempo pusieron en marcha una expansión rápida y violenta de su imperio y, durante casi cincuenta años, Mallorca dominó el norte de África, desde el Magreb y Trípoli hasta el Sáhara.

Los últimos gobernantes árabes de Mallorca fueron los Almohades, de los que se sabe poco. Parece que para la época en la que los cristianos invadieron la isla, menos de treinta años después, Medina Mayurqa, al igual que la mayoría de los centros hispanoárabes, era una ciudad bien organizada y técnicamente avanzada, gobernada por una clase alta sofisticada. Su sistema de irrigación parece haber sido especialmente eficaz y también fue utilizado para crear varios jardines espléndidos, como el de Alfábia y aquellos ocultos detrás de los grandes muros del palacio de la Almudaina.

Durante los siglos XIII y XIV, los escasos monumentos o edificios existentes que se remontaban a la época musulmana fueron cambiados y readaptadaos por los cristianos. No cabe duda que el más impresionante es el palacio de la Almudaina, en el corazón de Palma. Construido en su origen como residencia principal de los *wâlîs* moros, este edificio monumentals que es más una fortaleza que un palacio, abarca una superficie de unos 20.000 metros cuadrados asomados al mar. Su estructura y el interior fueron remodelados para adaptarse al gusto de los reyes de España y Aragón y, recientemente, se ha convertido en edificio gubernamental. Para el visitante moderno, la Almudaina parece un edificio curioso, excesivamente monumental para su entorno, que sin embargo no resulta ridículo. George Sand, que acuñó una frase para casi todo lo que vió en Mallorca, escribió:

> Nada podría ser más pintoresco que el aspecto del palacio real, que es asimétrico, incómodo, salvaje y medieval; y sin embargo nada podría resultar más orgulloso, más individual y de mayor hidalguía que esta mansión señorial, compuesta por galerías,

PÁGINA OPUESTA: *Vista de la fachada del Palau March desde el patio de columnas.*

La antesala de la Almudaina.

Despacho de Su Majestad el Rey Juan Carlos en la Almudaina, decorado en el estilo imperio y con tapices flamencos.

PÁGINA OPUESTA: *Parte superior de los arcos góticos de la Almudaina.*

Detalle de la antesala de la Almudaina.

torres, terrazas y arcadas que montan unas sobre los hombros de las otras hasta una altura considerable, culminando en una imagen de un ángel gótico que, entre nubes, mira a través del mar hacia España.

Alfábia, situada al pie de las montañas en la carretera desde Palma a Soller y rodeada de una vegetación opulenta, se suele describir como morisca. Los turistas de todo el mundo acuden aquí con la esperanza de vislumbrar un atisbo del esplendor y la extravagancia morisca. Este jardín exquisito, una relativa rareza en Mallorca donde el agua siempre ha sido un lujo, ha sido definido a menudo como un capricho morisco superviviente.

Leyendas populares sugieren que Alfábia pertenecía a un moro rico y poderoso, una especie de figura reinante local, que vivió una vida decadente y hedonista. Cuando los cristianos invadieron la isla, este moro, al igual que muchos otros habitantes árabes acaudalados, consideró que lo mejor era convertirse, él y toda su familia, al cristianismo. Esto le permitió conservar al menos algunos de sus privilegios y riquezas. Por consiguiente, el palacio y su jardín permanecieron dentro de una misma familia, los Bennasser, durante muchas generaciones y esto podría explicar cómo Alfábia conservó parte de su sabor árabe original.

A primera vista, el palacio no parece particularmente islámico: la entrada principal, un muro sencillo cubierto de yeso de un color marfileño pálido con una puerta muy decorada en el centro, es un hermoso ejemplo del barroco español del siglo XVIII. En su interior hay una mezcla desconcertante de muebles y decoración: unas pinturas murales representando vistas de Pama y el paisaje mallorquín recorren las paredes en una ancha franja. Tal vez el jardín de Alfábia, el único de su tipo de la isla, podría ser considerado un tributo a la tradición islámica de jardines espléndidos. El hilo de agua atraviesa un elaborado sistema de irrigación y su sonido se mezcla de manera agradable con el perfume de flores y plantas exóticas. Hay numerosas palmeras junto a bellos jacarandás cubiertos de flores lilas. Y aquí y allá, diseminados en un desorden calculado, crecen numerosos limoneros y naranjos, que llenan el espacio de color.

La Conquista Cristiana

El nombre de Jesús en la entrada de la capilla de Son Seguí, compuesto en el siglo XVIII a base de pequeñas piedras incrustadas en el muro.

En 1229, cuando el ejército catalán, conducido por el joven Jaime I, invadió la isla de Mallorca, provocó una ruptura completa y violenta con el pasado islámico de la isla. Muchos moros fueron obligados a trabajar como esclavos, mientras que algunas de las familias más acaudaladas decidieron convertirse al cristianismo y adaptarse al nuevo regimen. La conquista cristiana acabó con la tensión que se había ido acumulando durante varios años entre los estados italianos y los catalanes.

De hecho, a pesar de múltiples intereses opuestos, los italianos habían estado comerciando con la Mallorca árabe desde hacía bastante tiempo. Por otra parte, el poder y la riqueza de los catalanes había aumentado, y hacía tiempo que deseaban adueñarse de la isla y liberar sus costas de piratas.

Según otra leyenda mallorquina, la chispa que acabó por encender la maquinaria guerrera de Jaime I fue un banquete organizado por el navegante Pere Martell, que invitó a Jaime y sus nobles seguidores a degustar algunas de las delicias gastronómicas de Mallorca. Se ofrecieron olivas y otras frutas, mientras el anfitrión excitaba la imaginación de sus invitados con descripciones vívidas e irresistibles de la belleza y las riquezas de la isla. Para la llegada de los postres, Jaime y sus hombres estaban decididos a conquistar Mallorca. Después de poco tiempo, y con la ayuda de sus nobles armados y un gran número de templarios, Jaime logró organizar un ejército impresionante, consistente en 16.000 hombres y 1500 caballos, transportados en 150 naves grandes y otras más pequeñas.

Detalle renacentista de la puerta principal de Alfàbia.

Patio con doble escalera en Can Solleric, construido en torno a 1760 para D. Miquel Bonaventura Vallés d'Almandrá i Orlandis, marqués de Solleric.

Según los cronistas contemporáneos, había tantas velas que el mar parecía una extensión de lona blanca. Como para dar validez a la invasión en nombre de la conquista cristiana de los infieles, partieron hacia Mallorca el día de Navidad.

La batalla contra los sarracenos fue especialmente sangrienta. Los historiadores escribieron que murieron no menos de 20.000 musulmanes en el intento de defender la isla de los atacantes. Según una cita de George Sand de la *Chronicle of Marsili*, las semanas que siguieron a la conquista cristiana estuvieron empañadas por actos de robo y violencia contra los habitantes moros. Hay un fragmento que merece la pena citar porque transmite la idea de que los cristianos sintieron que la invasión de la Mallorca árabe era como penetrar en un mundo muy civilizado, repleto de belleza y riquezas:

Los saqueadores que asolaron las casas encontraron en éstas las más hermosas

PÁGINA OPUESTA: *Patio de Can Oleza, finales del siglo XVII/ principios del siglo XVIII.*

Detalle del patio de Can Oleza, en Palma, siglo XVIII, con arcos de piedra de Santany.

Vista de Palma pintada en un ramadillo *en Alfàbia, mostrando la fachada de la catedral.*

> mujeres y jóvenes moras, con el regazo repleto de monedas de oro y plata, perlas y piedras preciosas, pulseras de oro y plata, zafiros y todo tipo de gemas costosas. Desplegaron todas estas cosas delante de los hombres armados que aparecieron ante ellas y, llorando amargamente, dijeron en sarraceno: "Todo esto es vuestro. Sólo dejadnos lo suficiente para proporcionarnos alimentos."
> Era tal el ansia de ganancias, tal la disolución de la disciplina, que los hombres de la casa real de Aragón, tan absortos en su búsqueda de objetos de valor ocultos, no aparecieron ante el rey durante una semana entera.

A pesar de estos saqueos, Jaime I tenía la intención de crear un reino justo. Fundó lo que se conocía como Reino de Mallorca y publicó la *Carta de Franquesa*, un documento en el que establecía las bases de la autonomía que caracterizaría el gobierno de Mallorca. Después nombró un funcionario llamado Diputado del Rey para que gobernara la isla. Después, la mayor parte de las tierras fueron divididas entre sus nobles seguidores. Ellos a su vez las entregaron a sus capitanes más valientes, los *cavallers*. Estos soldados y sus descendientes edificaron las primeras mansiones campestres, o *cases de possessió*, de Mallorca. Esto podría explicar la arquitectura curiosamente semejante a una fortaleza, característica de la mayoría de las casas de la isla.

En su mayoría, los cristianos que se asentaron en Mallorca eran catalanes del Ampurdán. Se extendieron por las islas Baleares y naturalmente importaron sus tradiciones y su lengua. El idioma mallorquín, aún empleado por los isleños, ha sufrido menos cambios que en otras regiones y todavía tiene muchas similitudes con la antigua *langue d'oc*.

Mallorca siguió siendo un reino independiente durante aproximadamente un siglo más. Durante este período, su arquitectura y su arte florecieron. Jaime II, que sucedió a su padre en 1276, encargó algunas de las piezas de arquitectura gótica más impresionantes de la isla; la más notable es la inmensa catedral de Palma. También encargó la transformación del palacio de la Almudaina en la nueva residencia real e impulsó la edificación del castillo militar de Bellver y los palacios reales en las aldeas de Valldemossa, Sineu y Manacor.

PÁGINA OPUESTA: *Detalle del jardín de Alfàbia.*

Una pérgola en el jardín de Alfábia, siglo XVIII.

Jaime II también despierta un recuerdo afectuoso por haber sido el patrocinador de Raimon Llull, un mallorquín que se dedicó al estudio de la filosofía y lengua árabes, además de la química, la física y la teología, y que se convirtió en un importante filósofo espiritual cristiano. Sus obras, entre las que se encuentra la muy conocida *Libro del Amante y la Amada*, influyó en el misticismo neoplatónico europeo hasta el siglo XVII. Después de pasar varios años en la corte de Jaime II en Mallorca, donde fundó la primera escuela europea de lenguas orientales, Llull se dedicó a trabajar como misionero en África del Norte y Asia Menor, predicando el cristianismo a los musulmanes. Murió lapidado cerca de Túnez en 1316.

La independencia de Mallorca acabó a la muerte del rey Sancho, el hijo de Jaime II, que murió sin dejar hijos en 1324. Después de su muerte hubo un período turbulento provocado por sus sobrinos y posibles sucesores. Finalmente, Pedro IV de Aragón, que anexó Mallorca a su reino en 1343, puso un fin violento a la disputa. El sobrino de Sancho,

Salón de Alfábia decorado con ramadillos, *pinturas sobre tela colocadas a la altura de los respaldos de las sillas, y tapizado con típicas telas mallorquinas.*

Detalle del retablo de la capilla de Moncaire, Soller, dedicado a Nuestra Señora del Rosario y datado 1584.

Jaime III, intentó reconquistar la isla pero murió en una batalla. Con su muerte, las aspiraciones de la efímera Casa de Mallorca, los descendientes de Jaime el Conquistador, llegaron a su fin; Jaime IV murió en 1375. Un siglo más tarde, en 1492, los reinos de Aragón y Castilla unieron sus fuerzas y conquistaron Granada, fundando así la unidad nacional y política de España, de la cual Mallorca y las otras islas Baleares han formado parte desde entonces.

La Edad Dorada

Durante los siglos XV y XVI, Mallorca adquirió poderío económico y se estableció como centro de comercio importante del Mediterráneo, en especial para los mercaderes genoveses, hasta tal punto que montaron su bolsa propia en Palma. Al igual que los judíos, ocuparon un barrio entero de la ciudad. Mallorca desarrolló un comercio significativo con las potencias del Mediterráneo Oriental y con los estados italianos, particularmente con Pisa, Génova y Florencia. También aprovechó su situación geográfica estratégica, que le permitió convertirse en uno de los principales centros comerciales para productos de India y África. Para finales del siglo XVII, casi todas las familias nobles de Mallorca incrementaron la riqueza de la flota insular con sus galeras propias.

PÁGINA OPUESTA: *Detalle del techo mudéjar (Tarasona 1493) en la habitación principal de Sa Bassa Blanca, Alcudia.*

Por supuesto que la consecuencia inmediata del comercio fue la riqueza. En Palma se asentó una nueva clase social, que en su mayoría no descendía de la antigua aristocracia de los *cavallers*. Sin embargo, no se produjo una escisión entre la clase alta antigua y la nueva, en parte porque a estas alturas las familias aristocráticas más antiguas, que decían descender de los caballeros de Jaime, estaban empobrecidas y eran más bien rurales. Por lo tanto, estaban más que dispuestos a mezclarse con los nuevos mercaderes y casarse con dinero fresco. Por otra parte, a los mercaderes les atraía el encanto de los títulos más antiguos. Como resultado, los palacios viejos y a veces más bien destartalados fueron renovados y otros construidos por entero. No es sorprendente que la mayoría de los palacios construidos durante este período muestren un considerable gusto por la ostentación: el uso de mármoles preciosos, a veces importados del extranjero, no constituía una excepción, como tampoco lo era la costumbre de crear diseños y decoraciones elaborados tanto en los patios como las fachadas.

La influencia de una arquitectura 'foránea' también era característica de los palacios mallorquines construidos durante el siglo XVI y continuó hasta el XVIII. El

Una de las albercas en los jardines de Canet, en Esporles

PÁGINA OPUESTA: *Estudio de Bendinat, finales del siglo XIX.*

estilo de las fachadas se volvió cada vez más italiano, mientras que en el interior se desarrolló un gusto por objetos y muebles importados. Los tapices flamencos adquirieron popularidad y el mobiliario sencillo del pasado fue reemplazado por uno de un estilo elaboradamente recargado. Prosperó una cepa nueva de artistas, que recibían encargos para pintar frescos de inspiración napolitana o naturalezas muertas al estilo de los grandes maestros flamencos.

Aunque los mallorquines siguieron viviendo espléndidamente y no dejaron de construir palacios y casas extravagantes a lo largo de lo siglos XVI, XVII y XVIII, el poderío de la isla como centro comercial comenzó a disminuir bajo los Habsburgo. Como formaba parte del reino de España y del Sacro Imperio germánico, Mallorca tenía que aportar armas, riquezas y hombres para financiar los sueños cada vez más imperialistas de Carlos V. La situación económica tampoco mejoró cuando en el año 1526, Carlos V ordenó que todos los mudéjares españoles, o musulmanes, debían ser bautizados o expulsados: una medida que se volvió a imponer varias veces bajo los Habsburgos. El éxodo masivo resultante tuvo repercusiones tanto en la economía como en la cultura españolas, y también en la mallorquina. Para empeorar las cosas aún más, una vez que se descubrió que el Cabo de Buena Esperanza era una ruta alternativa para los productos asiáticos, Mallorca perdió el privilegio de su situación geográfica única.

La guerra de sucesión entre los Austrias y los Borbones (1701–1714) trajo unos cambios políticos profundos para los mallorquines. Al inicio de la guerra, Palma tomó partido por los Austrias contra Felipe V, el primer rey francés que gobernó España. Nunca se les perdonó este hecho, de modo que cuando las tropas borbónicas de Felipe reconquistaron Barcelona en 1714, asediaron la isla y los mallorquines se rindieron. El nuevo rey abolió toda la autonomía de la que habían gozado hasta entonces, incluyendo la exoneración de pagar impuestos. El Gran y General Consejo, fundado por Jaime I fue reemplazado por la Municipalidad de Palma, constituida por consejeros que tenían poderes muy limitados. A partir de entonces, Mallorca nunca recuperó el estatus político y la riqueza disfrutados en siglos anteriores. Sin embargo, la industria comercial de Mallorca se reavivó durante el siglo XVIII, renovando la riqueza de los isleños. Como resultado se produjo un desarrollo urbano y se edificaron muchos palacios nuevos.

PÁGINA OPUESTA: *El templete mirador de Son Marroig, construido en mármol de Carrara.*

Estuco heráldico de principios del siglo XVIII con las armas de Dona Magdalena de Villalonga i Despuig, madre del marqués de Vivot.

• 2 •

Palma

. . . 'Aquí me hallo en Palma, entre palmeras y cedros y cactus y olivos y áloes e higos y granadas. El cielo es de color azul turquesa, el mar es azul, las montañas son de color verde esmeralda; el aire es tan puro como el del Paraíso. El sol brilla todo el día, hace calor y todo el mundo lleva ropas veraniegas. Durante toda la noche se escuchan guitarras y serenatas'.

Frédéric Chopin, en una carta a Julien Fontana
15 de Noviembre de 1838

Aunque la mayor parte de Mallorca ha permanecido virtualmente intacta durante siglos – hasta tal punto que varios escritores, incluyendo el poeta Robert Graves, han sido inspirados por su paisaje épico y mítico – no se puede decir lo mismo de Palma, la capital. Desde que los romanos la conquistaron, arrebatándola a los cartagineses en el año 123 aC, Palma ha sido uno de los campos de batalla históricos más crueles. En una época u otra, los romanos, los moros y los cristianos aspiraron a poseerla y lucharon por ella; como resultado, muchos murieron por esta ciudad. Los gruesos muros del antiguo palacio morisco, las murallas que rodean una parte de la ciudad antigua asomada al mar y las estructuras fortificadas de muchos palacios ilustran el hecho de que la historia de Palma está empapada por el temor: a ser atacada, a ser conquistada y a ser derrotada.

PÁGINA OPUESTA: *La magnifica sala de la música en el Palau March, decorada por Josep Maria Sert en 1944.*

La Palma actual, con sus autobuses repletos de turistas, sus calles taponadas por el tráfico y todos los olores y ruidos de una metrópoli moderna y ajetreada, parece extrañamente distante de su historia de guerras y conquistas. Sin embargo, cuando uno se interna por sus callejuelas estrechas y serpenteantes, tan similares a las de una antigua medina, y uno se aventura a explorar algunos de los espléndidos patios y jardines de la ciudad, se cae en la cuenta de que Palma no ha dejado de ser una ciudad cerrada. Sus mejores tesoros están ocultos detrás de los muros o en el corazón de los palacios. A mediados del siglo XIX, George Sand escribió que:

> . . . 'El carácter de Palma no se revela de manera inmediata ante el visitante casual. Pero si pasea al atardecer a lo largo de sus calles profundas y misteriosas, quedará impresionado por el estilo elegante de sus edificios. Y si se acerca a Palma desde el Norte, su aspecto africano resulta sumamente retador'.

PÁGINA SIGUIENTE: *Detalle de la escalera del patio de Can Solleric. Las columnas son de marmol extraido de las canteras de Solleric, propiedad del marqués que hizo construir el edificio entorno a 1760.*

Desde el norte hay una vista impresionante de la bahía de Palma: el mar se extiende hacia el sur y rellena el espacio que separa Mallorca de Argel. Este mar es el otro elemento que, junto a las guerras y las conquistas, ha determinado la historia de Palma y ha infundido un eclecticismo característico a su arquitectura. Al igual que otras ciudades medite-

rráneas portuarias, como Nápoles y Palermo, Palma ha sido una puerta abierta a otras civilizaciones, culturas y pueblos. Su papel intermitente como uno de los principales centros europeos de comercio desde mediados del siglo XIV hasta el XIX no sólo ha enriquecido a muchos de sus habitantes, sino que también los ha expuesto a influencias foráneas, tanto estéticas como de otra índole.

La arquitectura de Palma es uno de los resultados más visibles de esta influencia. Sus palacios familiares, la mayoría de los cuales fueron construidos a principios del siglo XVI por mercaderes acaudalados y miembros de la arisrocracia de la ciudad, son el producto de una yuxtaposición de estilos única. Van desde el gótico con influencias árabes hasta el rococó dieciochesco, con muchos elementos renacentistas italianos – como las logias con arcos y las grandes escalinatas – y el barroco.

Antes de la colonización cristiana de la isla en 1229, Palma seguía siendo la Medina Mayurqa árabe, una de las gemas de la corona del imperio hispano-árabe. Cuatro siglos de civilización mora la habían transformado de una ruina romana destartalada y semiabandonada en un floreciente centro de comercio, repleto de artesanos, constructores y toda clase de mercaderes. Ni siquiera las guerras entre las diferentes facciones musulmanas, que desestabilizaron el imperio, ni los ataques cada vez más amenazadores de los cristianos a la ciudad, sirvieron para impedir su desarrollo. Se erigieron palacios, se construyeron mezquitas, los acueductos llevaron el agua a la ciudad y los jardines cobraron vida; para la época en la que los moros fueron vencidos, Palma era un modelo de sofisticación y eficacia.

A pesar de los intentos de los cristianos de borrar el pasado musulmán destruyendo muchos de los palacios y construyendo sus iglesias y casas propias, los cuatro siglos de gobierno árabe dejaron sus huellas. Unos seiscientos años después de que los moros fueran derrotados y forzados a convertirse o someterse a la esclavitud, Chopin notó la herencia árabe en la atmósfera de la ciudad. Las murallas, le escribió a su amigo Fontana 'se remontan a la época árabe' y sintió que la ciudad al completo evocaba África.

Para muchos viajeros del siglo XIX, esta vívida herencia islámica sirvió de inspiración para visitar Palma con el fin de estudiarla más de cerca. A diferencia de las ruinas romanas o griegas más prolíficas, los fragmentos moriscos, aunque de fecha más reciente, tenían el encanto adicional de ser consideradas como exóticas y 'feéricas'. En 1807 A. G. de Saint–Sauver, el cónsul francés destinado en las Baleares a principios del siglo XIX, escribió que el estilo de construcción de las casas de Palma recuerda 'la época en la que los moros eran los dueños de la isla.'

De un modo similar, el artista francés J. B. Laurens, que realizó viajes extensos por el interior de Mallorca a mediados del siglo XIX y redactó sus impresiones en un volumen publicado en 1840, pasó semanas explorando Palma en busca de restos moriscos. 'Sólo en Mallorca he hallado columnas de seis pies de alto', escribió, 'cuyo diámetro era de sólo tres pulgadas. La excelente calidad de su mármol y el estilo del capitel que las remata me condujeron a suponer un origen árabe.' En un intento de comprender este origen árabe un poco mejor, Laurens procedió a examinar cuidadosamente al menos veinte de los palacios y casas de Palma construidas siguiendo el mismo modelo, e investigó cada detalle de su estructura en busca de indicios de restos árabes originales. Sin embargo, llegó a la conclusión de que los detalles moriscos habían sido específicamente construidos para los edificios imitando modelos originales más antiguos. En otras palabras, las ventanas y las columnas 'no habían sido un botín robado de los muros de aquellos palacios moriscos feéricos', de los que la Alhambra y Granada son un ejemplo que sobrevive, sino que fueron creados para los palacios de los cuales formaban parte. Y probablemente estuviera en lo cierto. Es probable que muchos de los artesanos moros y judíos, que alcanzaron un alto grado de destreza en la talla de piedras y de madera bajo los árabes, trasmitieron sus conocimientos a una generación subsiguiente de artesanos. Y aunque fueron perseguidos y muchos tuvieron que abandonar el país, algunos se convirtieron y permanecieron para decorar las iglesias y los palacios de los nuevos gobernantes cristianos.

Detalle de una de las columnas en el patio de Can Solleric.

Detalle de la logia exterior de Can Solleric, decorada por Antonio Soldati, entorno al 1760.

ARRIBA, A LA IZQUIERDA: *Detalle del portal de la capilla real de Santa Ana (siglo XIV) en el patio de la Almudaina.*

ARRIBA, A LA DERECHA: *Parte superior del* tinell *gótico en la Almudaina.*

PÁGINA 60: *Dormitorio de Doña Leonor March en el Palau March, decorado con muebles del siglo*

PÁGINA OPUESTA: *Detalle del patio del Palau March.*

Merece la pena mencionar que, apenas algunos años antes, George Sand también había especulado acerca de los toques moriscos de la arquitectura de Palma. Sin embargo, ella llegó a una conclusión diferente y creyó que se trataba de fragmentos moriscos originales que habían sido incluidos de manera deliberada en la estructura de edificios más nuevos. 'Al igual que en Francia e Italia los artistas del Renacimiento incorporaron medallones y bajorrelieves griegos y romanos auténticos en decoraciones escultóricas,' se preguntó, '¿no sería posible que los cristianos mallorquines, después de destruir todos los monumentos moriscos, hayan hecho un uso cada vez mayor de aquellas ruinas opulentas para sus propias decoraciones?'

El palacio de la Almudaina, con sus muros gruesos y fortificados y sus arcos puntiagudos, es el único edificio morisco que sobrevivió (aunque con diversos cambios y añadidos) a muchos siglos de gobierno cristiano. Otros restos moriscos se reducen a meros fragmentos: en una época, el arco de la Almudaina, situado en la calle del mismo nombre, había sido una de las puertas de las murallas en los aledaños del palacio real; los famosos 'baños árabes' ocupaban una planta baja que se asomaba a un jardín en el barrio de Portella. Su bóveda está apoyada sobre doce columnas unidas por arcos en una pequeña habitación cuadrada cubierta por un techo abovedado. Pero en el centro de Palma es donde se pueden vislumbrar con mayor nitidez los restos de la ciudad árabe de Medina Mayurqa, palpitando debajo de la espesa cobertura de la arquitectura posterior.

La conquista cristiana de Mallorca cambió el estilo arquitectónico de la isla en la misma medida que cambió la vida de las personas y su constitución. La suavidad sensual de la arquitectura islámica fue reemplazada por la severidad del estilo gótico. La arquitectura cristiana primitiva de Palma se concentró sobre todo en edificios religiosos. Se construyeron iglesias con el fin de borrar todos los rastros del Islam lo más rápidamente posible, y los conventos, como el de San Francisco de Palma, proliferaron también.

La catedral de Palma, que se asoma al mar, es uno de los edificios más espectaculares de la ciudad. También se la considera uno de los mejores ejemplos de arquitectura religiosa gótica de toda España. Fue comenzada, en teoría si bien no en la práctica, por Jaime I el Conquistador, quien, según cuenta la leyenda, la quiso construir en honor a la Virgen María después de que su expedición conquistadora sobreviviera a una tormenta terrible frente a las costas de la isla en 1229. En realidad, la catedral se construyó por encargo de su hijo Jaime II a finales del siglo XIII, pero no se completó hasta el año 1601.

La característica más llamativa de este edificio que descuella por encima del antiguo centro de la ciudad son sus proporciones abrumadoras. La mera enormidad de sus dimensiones (cubre una superficie de 7000 metros cuadrados), asociada a una sencillez inusual en cuanto a su ornamentación, otorga una sensación de fuerza y poderío que parece desafiar la enormidad del palacio morisco de la Almudaina junto a aquél. Sus proporciones retadoras también parecen aludir, tal vez de un modo inconsciente, a esa herencia de temor que es fundamental en la historia de Palma.

Palacios

Cuando Frédéric Chopin y George Sand, junto a los dos hijos de élla, llegaron a Palma una soleada mañana de noviembre del año 1838, recibieron la agradable sorpresa de encontrar una ciudad que, en palabras de Sand, tenía 'un carácter propio diferente'. Los días siguientes a su llegada fueron dedicados a encontrar un alojamiento adecuado y a deambular por las calles serpenteantes y las plazas sombreadas de Palma. Lo que hallaron fue una ciudad típicamente mediterránea y 'una que contenía diversos edificios de una belleza y un interés histórico de primera línea.'

Aunque la mayoría de los grandes palacios de Palma despliegan un gusto similar, por la opulencia, a muchos de sus equivalentes franceses e italianos, construidos o reformados durante el mismo período, aquellos como Can Oleza, Can Vivot y Can

ARRIBA, A LA IZQUIERDA: *El comedor del Palau March, según un dibujo de Gutiérrez Soto en el estilo inglés, con una pintura de M. de Hondecoeter (1636–1695).*

ARRIBA, A LA DERECHA: *Detalle de una sala en la primera planta del Palau March.*

ARRIBA: *Salón en la planta principal del Palau March.*

PÁGINA OPUESTA: *Fachada principal del Palau March, proyecto del arquitecto Luis Gutiérrez Soto. La logia es en el estilo de los palacios mallorquines del siglo XVIII.*

Solleric suelen ser de un tamaño un poco más pequeño y consisten en dos pisos principales y un ático de poca altura. La entrada principal de tales palacios pequeños, que conduce desde la calle a un patio interior, suele ser magnífica pero despojada de cualquier ornamentación. Como mucho puede exhibir el emblema de la familia, que suele estar tallado en piedra, encima de la puerta principal. La finalidad del gran tamaño de la entrada, que generalmente tiene arcos igual que un palacio romano, junto con la cantidad de piedras decoradas que sobresalen en forma radial, resulta impresionante desde la calle. La luz penetra en las habitaciones de la planta baja a través de una serie de ventanas altas, divididas por aquellas columnas delgadas que tanto intrigaron a Laurens a causa de su estilo curiosamente árabe. En algunos de los edificios más antiguos, como el palacio Palmer, construido en 1556 y Can Oleza, el ático parece una galería con aperturas góticas. Laurens compara estas ventanas emplazadas muy juntas con la balaustrada perforada de la Lonja, la antigua bolsa comercial frente al mar, que fue construida por el gran arquitecto mallorquín Guillermo Sagrera y considerada como uno de los grandes monumentos góticos de Palma. Los áticos de los palacios están protegidos contra el viento y la lluvia por un techo, apoyado sobre vigas exquisitamente talladas de tintes moriscos.

A medida que Palma se establecía como uno de los mayores centros de comercio del Mediterráneo, sus habitantes se hacían más ricos y sus palacios más grandes y de un estilo más ostentoso. A finales del siglo XVI, la sencillez austera y el aspecto militar de los palacios más antiguos comenzó a ser reemplazado por un gusto por la ornamentación y la consiguiente introducción de estilos nuevos foráneos. Este desorrollo coincidió con un incendio devastador que destruyó muchos de los edificios más antiguos: se construyeron palacios nuevos para reemplazar a los viejos, y los que sobrevivieron al fuego fueron redecorados por dentro y por fuera. Entre los más extravagantes se encuentran Can Oleza y el muy magnífico Can Vivot, reflejando el gusto cada vez mayor por la grandeza y la opulencia. En 1840, J. B. Laurens escribió en sus *Souvenirs d'un voyage d'art a l'île de Majorque*:

> Durante más de un siglo después del Renacimiento, los acaudalados habitantes de Palma siguieron construyendo casas particulares extremadamente lujosas. Aunque conservaban la misma planta arquitectónica, adoptaron unas modas continentales de la época en la construcción de sus vestíbulos y escaleras. De ahí la irrupción frecuente de la columna dórica o toscana; el diseño de las balaustradas y rampas confiere un aspecto opulento a todas las mansiones aristocráticas.

Can Oleza, situada en el céntrico Carrer Morey, es una de las piezas más completas y bien conservadas de la arquitectura civil de Palma. Aunque siempre se ha considerado que pertenece a finales del siglo XVI, sus orígenes son góticos. La fachada, con su pasadizo abovedado en punta y su sencillez austera, ha conservado algunos elementos góticos, mientras que las ventanas muy recargadas indican una fuerte influencia renacentista. El patio, muy espacioso, es de un estilo marcadamente clásico. La escalinata está parcialmente cubierta por una logia sostenida por un delicado pasadizo abovedado y algunas columnas grandes de capiteles sumamente ornamentados. El pasamanos de hierro está decorado imitando los motivos clásicos de las balaustradas de piedra.

En el siglo XVIII, bajo el reinado de los Borbones, la industria naviera de Palma volvió a florecer y experimentó un período de riqueza renovada en el que prosperaron las artes y la arquitectura. Además, la influencia italiana se acentuó aún más después de la guerra de Sucesión, gracias a los lazos poderosos entre el norte de Italia y la casa de Borbón.

Can Vivot es uno de los palacios particulares más destacados de Palma. El edificio original, del siglo XV, fue ampliado y transformado en el siglo XVII por Don Juan Sureda i de Villalonga, uno de los fieles cortesanos del rey Felipe V, que fue nombrado regente de la ciudad de Palma y obtuvo el título de marqués de Vivot. Con el

fin de ampliar Can Vivot, compró las casas adyacentes y las convirtió en un solo palacio monumental, que ocupaba casi una manzana entera y se asomaba a dos calles. Empleó al arquitecto Jaume d'Espinosa y así ayudó a promocionar aquello que Aina Pascual, en su libro *Jardines de Palma*, definiría como 'la gran reforma barroca' de la ciudad.

Aunque la disposición de la casa, con muchas habitaciones que dan al patio central, es bastante sencilla y típica de todos los palacios de Palma, la serie de logias con arcos, las terrazas y los balcones, la gran escalinata y el estilo de las columnas y los arcos, contribuyen a crear una atmósfera que Pascual describe como una mezcla de lo clásico y lo barroco con poderosos elementos italianos.

Durante el siglo XVIII, el estilo italiano adquirió una importancia aún mayor, a medida que los palacios se volvieron cada vez más personalizados y los estilos de unos y otros variaron en gran medida. Algunos eran oscuros y sombríos, otros luminosos y pintados; algunos eran muy tradicionales, mientras que otros exhibían un gusto por la luminosidad y la decoración a tono con el estilo rococó más fantasioso que por aquel entonces estaba de moda en Europa. Al enfrentarse con la arquitectura y la decoración de

PÁGINA OPUESTA, ARRIBA Y ABAJO: *Detalles de la sala de la música en el Palau March, decorada por Josep Maria Sert en 1944.*

ARRIBA: *Detalle del techo de la sala de la música.*

La logia en el patio de Can Oleza, de principios del siglo XVIII.

los palacios familiares, los arquitectos demostraban una libertad mayor que antaño.

Can Solleric, construido por la familia Vallés d'Almadrá en el siglo XVIII, demuestra exactamente ese tipo de estilo barroco. La fachada, con su logia con arcos en el centro y grandes ventanas a ambos lados, es de un estilo típicamente italiano y constituye un homenaje nuevo inusual al ligero arte de la decoración. Las vistosas flores que la decoran destacan sobre el cálido color ocre del fondo. Este aspecto juguetón, tan poco común en la arquitectura de Palma de la época, se destaca aún más por los balcones de hierro forjado sumamente ornamentados.

Este período se caracterizó por un gran incremento en la edificación. Se restauraban palacios viejos mientras se construían otros nuevos más pequeños. Este aumento ocurrió a causa de un cambio en la estructura tradicional de la familia patriarcal. Hasta ese momento, tres generaciones de una familia habían vivido bajo un mismo techo. Esto se había vuelto cada vez menos práctico, especialmente si las familias eran muy prolíficas: en algunos hogares solía ser necesario alimentar a tres docenas de miembros de una misma familia en cada comida. A medida que las familias se separaron, formando unidades más pequeñas, fue necesario construir hogares nuevos.

Patios

Palma es una ciudad de patios. A. G. de Saint-Saveur, que viajó a Palma en 1801, escribió acerca de los palacios de la ciudad, diciendo que 'todo el despliegue se halla en la entrada, en una especie de vestíbulo, o pórtico, sostenido por varias columnas'. También se refirió al fino mármol de las columnas. Desde la época morisca, a lo largo de la Edad Media y hasta la actualidad, el patio siempre ha sido el corazón de las casas y palacios de Mallorca. En una ciudad como Palma, que en parte ha conservado el estrecho entramado de la ciudad medieval original, el patio también proporciona una sensación de alivio frente a la claustrofobia de la vida urbana. Estos claustros internos pintados de blanco, con sus elegantes arcos y columnas y la delicada obra de forja que suele decorar los pozos y las balaustradas, además de los numerosos tiestos con flores, desparramados en el suelo y bajo las logias, proporcionan un alivio visual frente a las fachadas sombrías y las atestadas calles umbrías. Son oasis de luz y paz. Provocaron el encanto de George Sand:

> . . . 'A veces los pequeños patios pavimentados están rodeados de columnas de un modo similar al "cortile" de un palacio veneciano: la mayoría tiene un pozo de diseño casto en el centro y ni tienen el aspecto ni la misma finalidad que los nuestros, tan desnudos y sucios . . . Nunca dan acceso a establos ni cocheras,: son patios interiores auténticos, que tal vez evoquen el "atrium" romano. Es evidente que el pozo central deriva del "impluvium". Cuando estos peristilos están decorados con tiestos de flores y arbustos, su gracia y severidad se combinan con encanto poético' . . .

Sin embargo, los patios son algo más que meros artilugios y ornamentos arquitectónicos. Aunque se ha dicho que los patios del campo son funcionales y los urbanos hermosos, en Palma esto no es completamente cierto. Hasta hace poco tiempo, el patio fue una especie de mercado particular, una lonja cerrada, a la que acudían personas del campo para exhibir y vender sus productos directamente a cada familia. También servían de refugio temporal para los paseantes frente al viento y la lluvia o al calor abrasador del verano. Uno de los patios más interesantes de Palma es el de Can Vivot. Las columnas arqueadas le confieren una sensación como de claustro, mientras que el escudo familiar, llamativo y policromado sobre un fondo de un profundo color azul cielo ubicado en el centro de la escalinata, proporciona un toque de majestuosidad y orgullo familiar.

PÁGINA OPUESTA: *El impresionante patio de Can Vivot, con sus magníficas columnas, y el escudo de la familia en el medio de la imponente escalera.*

En cada palacio, las escalinatas que conducen de la planta baja a la primera constituyen un elemento arquitectónico y decorativo importante en la disposición de los patios. Existen muchas variantes. Las más antiguas que pertenecen a palacios góticos, como el de Can Oleza, solían ser muy sencillas: un única rampa sostenida por un arco simple, que recorría una de la paredes laterales del patio. Los aspectos decorativos de estas escalinatas góticas consistían fundamentalmente en la calidad de la piedra de la que estaban hechas, y en los detalles recargados tallados en las balaustradas de piedra. La decoración de Can Oleza consiste en una serie de círculos que encierran dibujos geométricos de un origen típicamente árabe y gótico. Durante el Renacimiento, la mayoría de las escalinatas góticas de Palma fueron reemplazadas por otras mucho más grandes y complicadas. Algunas consistían en una única rampa que recorría una o dos caras del patio mientras que otras, como la de Can Vivot, se dividían en el centro y volvían a unirse en la logia.

El suelo de los patios exhibe una diversidad de decoraciones de inspiración veneciana o genovesa. Los dibujos son arabescos o de un diseño más complejo y están realizados en mosaicos de piedras de diferentes colores. En Can Vivot, forman el dibujo de una gran estrella, con muchos rayos que se extienden desde el centro del patio.

Detalle de una arquilla italiana del siglo XVII en Ca Dona Mira, Palma.

Interiores

Lo que más sorprendió a George Sand fue la sensación de intemporalidad que reinaba

Retrato obra de José de Ribera (1591–1652). Nació en Játiva (Valencia), y pasó gran parte de su vida bajo la protección de los virreyes en Napoles, donde se convertió en uno de los más importantes pintores del reino. Casi todos sus trabajos fueron enviados a las colecciones de los Reyes de España, a excepción de algunos que fueron a iglesias y a la aristocrácia.

dentro de estos palacios. Más específicamente, le sorprendió la falta de un confort y un gusto modernos. En *Un hiver à Majorque*, describe Palma como un un lugar detenido en el tiempo en el que casi no han sido construidas casas nuevas desde el siglo XVIII. 'En sus hogares nada cambia: salvo algunas familias, nadie posee muebles que tengan menos de dos siglos de antigüedad. Hay una ignorancia generalizada con respecto a la moda y no existe el deseo del lujo ni las comodidades de la vida', escribió. Sand amaba las casas repletas de objetos y recuerdos personales y escribió que 'personalmente, lo que más detesto es una habitación poco amueblada y escrupulosamente ordenada.' Su idea del infierno era un sitio donde reinaba el orden, donde nada se movía ni se dejaba tirado, y donde los animales no tenian cabida. Por ello, difícilmente era la persona más adecuada para apreciar los interiores austeros de muchos palacios mallorquines.

Es interesante leer los fragmentos en los que describe en detalle la disposición de algunos de los interiores que observó. Si se ignora el tono burlón y el sarcasmo característico de su prosa, aquello que Robert Graves ha descrito como 'las calumnias histéricas' y su 'ira insensata con respecto a los isleños', se tendrá una descripción detallada y minuciosa del aspecto de los interiores de Palma en la década de 1830:

> 'Para recapitular: el peristilo, o atrio, de las mansiones pertenecientes a los Cavallers (como gusta designarse la nobleza mallorquina) tiene un acentuado aspecto de bienvenida e incluso de confort. Pero después de ascender la esclinata elegante y penetrar en la casa, se podría estar en un edificio únicamente dedicado a la siesta. Unas habitaciones enormes, generalmente rectangulares, de techos muy altos, muy frescas, muy oscuras, completamente desnudas, pintadas de un blanco asecético y

> sólo decoradas por enormes retratos de familia, oscurecidos por el tiempo, colgados en una única hilera a tanta altura que los personajes no resultan identificables; cuatro o cinco sillas, cuyos asientos y respaldos son de cuero de vaca devorado por los gusanos, fijados al marco sólido por medio de enormes tachas doradas que no han sido pulidas durante doscientos años; una o dos esteras valencianas o vellones de pelos largos arrojados en el suelo de manera casual; ventanas con bisagras muy elevadas y cubiertas de cortinas pesadas; puertas anchas de un roble muy oscuro, al igual que el de las vigas del techo y a veces una antigua cortina portera de brocado dorado, ricamente bordada con el escudo de la familia, pero deslustrada y mohosa por el paso del tiempo; éste es el aspecto del interior de un palacio mallorquín'.

PÁGINA OPUESTA: *Una sala en Ca Dona Mira, Palma.*

La sobriedad y la grandeza, junto a un elevado sentido de los valores de la familia y la herencia, eran los elementos decorativos clave de estos palacios aristocráticos, en los que los retratos sombríos y el mobiliario antiguo rara vez se veían interrumpidos por adquisiciones más modernas.

Más de un siglo después, Graves todavía describió muchos de los palacios anti-

Salón adamascado en Ca Dona Mira, con un retrato de Don Priamo de Villalonga, obra del pintor mallorquín Fausto Morell.

El baldaquino de esta cama en Can Vivot fue un obsequio de Felipe V al marqués de Vivot (circa 1714).

guos como depósitos históricos. Señaló que algunas familias nobles permanecían 'encerradas en sus mansiones decrépitas, en las que casi no se había restaurado ninguna habitación ni introducido algún tipo de comodidad moderna desde el siglo XVII.' Hoy en día se puede decir lo mismo acerca de muchos palacios mallorquines. Durante el transcurso de tres siglos, el interior de Can Vivot, por ejemplo, apenas ha sido modificado. El amplio salón, con sus tapices italianos y flamencos, sus pinturas y su despliegue de espejos y cornucopias colgados de las paredes, es uno de los más magníficos de la ciudad.

En la sala de música de can Vivot hay una pintura mural de Giuseppe Dardanone representando deidades paganas y escenas bacanales de amantes. Muchos de los cielorrasos de esta casa están decorados a la manera de los magníficos palacios barrocos de Roma, con sus extravagantes flores de estuco y sus *putti* voladores. Una cama con dosel en una de las habitaciones está cubierta por un trozo de tela extraordinario: un magnífico trozo de seda verde, bordado de flores con hilos dorados y rojos. Ha pertenecido a la misma familia durante muchos siglos y se dice que originalmente fue realizado para Felipe V, el primer Borbón que gobernó España. Cuentos y anécdotas históricas de este tipo flotan sobre casi todos los objetos en estas casas.

PÁGINA OPUESTA: *Detalle de la tienda de campo de Felipe V, usada como baldaquino, en Can Vivot.*

Gran sala de Can Vivot, principios del siglo XVIII.

Can Vivot, Palma. Sala de principios del siglo XVIII, con tapices flamencos del siglo XVII.

Palma en el Siglo XX

Durante el transcurso de este siglo, muchas de las casas y palacios descritos han sido arrasados o destruidos. En 1953, Robert Graves escribió desconsoladamente: 'aunque cientos de las casas más pintorescas de Palma, algunas de las cuales se remontan al siglo XV, fueron destruidas hace uno o dos años para construir un grandioso mercado cubierto, avenidas bordeadas por edificios de oficinas, tiendas "kitsch" y casas de vecinos para obreros, no deja de ser una ciudad hermosa. Algunos de los palacios destruidos se encontraban entre las joyas de la ciudad. Dos de estos, que se remontan al Renacimiento, fueron transformados a principios de los años cincuenta. Uno se convirtió en un despacho oficial, mientras que el otro se transformó en un taller de reparaciones.'

A pesar de estas tristes impresiones de destrucción que ninguna ciudad moderna – por más tesoros de belleza y cultura que contenga – ha sido capaz de evitar, la tradición de las casas importantes ha vuelto a cobrar vida en Palma durante el siglo XX. El ejemplo más asombroso es el Palau March. Está situado en la zona entre la catedral y el palacio real, y fue construido durante la Segunda Guerra Mundial por Joan March Ordinas, un hombre de negocios acaudalado de orígenes humildes. Es un ejemplo destacado del regreso español al clasicismo arquitectónico que se desarrolló en los años que siguieron a la guerra civil, cuando los edificios imitaban la arquitectura imperial del siglo XVI.

La inspiración del arquitecto Luis Gutiérrez Soto, que diseñó el Palau March, provino de las formas y los ornamentos barrocos vernáculos y conservó la fachada y la logia central típica de los palacios de Palma. El gran palacio fue usado como residencia privada de la familia, además de albergar un banco y la famosa biblioteca March. El interior es tan ecléctico y espectacular como el exterior. Junto a muebles imperio hay magníficas piezas del siglo XVII y XVIII, mientras que muchas habitaciones están repletas de una destacada colección de obras de grandes maestros como Bronzino, Goya, Murillo y Ribera, pertenecientes a la familia.

Sin embargo, los elementos decorativos más interesantes son los murales extraordinarios pintados en 1944 por Josep Maria Sert, que recuerdan a los del Waldorf Astoria de Nueva York. En la sala de música hay un trampantojo de yeso en bajorrelieve que da la sensación de unas cortinas levantadas aquí y allá para revelar escenas de circo pintadas, donde aparecen unos artistas negros vestidos con lo que parecen ropajes teatrales del siglo XVIII. En el cielorraso de esta habitación aparece una magnífica pintura de un panorama observado desde abajo, de un cielo repleto de múltiples globos aéreos coloridos con diferentes dibujos, que demuestra que el arte de la decoración fantasiosa sigue viva en las grandes casas de Palma.

Detalle de una sala de principios del siglo XVIII en Can Vivot, con un retrato del rey Fernando VI.

AVEMARIA

· 3 ·

Casas Rurales y Possessions

Ni en Suiza ni en Tirol se ha observado este aspecto creativo libre y primitivo que resultó tan delicioso en Mallorca. Me pareció que en la parte más salvaje de las montañas suizas la naturaleza, tratada con excesiva severidad por los elementos de la atmósfera, había eludido la mano del hombre sólo para encontrarse con una coerción aún más rigurosa del cielo y volverse esclava de sus laceraciones propias, como un espíritu apasionado, abandonado a sus propios recursos. En Mallorca florece bajo el influjo de los besos de un cielo ardiente y sonríe bajo las ráfagas de unos vientos cálidos que la acarician a medida que recorren los mares. Las flores, aunque aplastadas, se levantan con más fuerza que antes; los troncos de los árboles azotados por la tormenta producen más retoños que nunca y aunque en rigor no hay un desierto en Mallorca, la falta de caminos verdaderos le da un aspecto abandonado y rebelde.

George Sand, *Un hiver à Majorque*, 1838.

La descripción de George Sand del paisaje intenso y variado de la isla también se ajustaría con facilidad a su arquitectura rural. Las mansiones campestres de Mallorca, que en la isla se denominan *possessions*, combinan las magníficas proporciones de palacios o casas renacentistas con la sencillez y la libertad formal de la arquitectura vernácula. Son el resultado de las concesiones hechas para reconciliar las necesidades, a menudo en conflicto, de numerosas generaciones de terratenientes: la autodefensa, la agricultura y la mera representación de riquezas. En la mayoría de los casos, el resultado es un estilo híbrido único y fascinante, en el que la solidez de las fortalezas antiguas y el esplendor de las mansiones italianas del siglo XVI están matizadas por el aspecto sobrio y las necesidades funcionales de una casa de campo sencilla.

Pero a diferencia de las casas italianas que a veces intenta emular, la típica *possessió* mallorquina no es ni ociosa ni blanda. Al contrario: cada ventana, cada piedra e incluso cada elemento decorativo ha sido moldeado y tallado según las necesidades de la vida cotidiana rural, que está dictaminada por un medio natural particularmente exigente. Los vientos fuertes, el helado clima invernal y un intenso sol veraniego han

A imitación de las mejores casas de la capital, Son Berga Nou fue construida por Dona Cecilia Zaforteza i de Berga, marquesa de Vilafranca.

Son Torrella, en Santa Maria. Alquería medieval, sus casas fueron profundamente transformadas en el siglo XVII por la familia de los Grandes Maestres *Cotoner.*

PÁGINA OPUESTA: *Camino de acceso en Son Berga Nou, Establiments.*

despojado a estos edificios de cualquier adorno superfluo. El paso del tiempo y una migración cada vez mayor hacia las ciudades han convertido algunas de estas casas, que eran prósperos centros de actividad, en sitios un tanto abandonados y de aspecto rebelde, no muy diferentes de los paisajes que los rodean.

La mayoría de las *possessions* fueron construidas por los descendientes de los caballeros invasores catalanes, a los que Jaime el Conquistador entregó grandes extensiones de tierra. Se trata de edificios aislados que suelen estar en el centro de la gran superficie a la que pertenecen. Muchas de las *possessions* más viejas están construidas en el sitio ocupado por las antiguas *alquerías*, la palabra árabe que designa un pequeño asentamineto o grupo de casas construidas junto a una fuente. El factor determinante en la construcción de todas las *possessions* ha sido el agua, más que las características del paisaje o del clima. Cuanto más rica era la fuente, tanto más rica la *possessió*. Por ello, muchas de estas casas de campo están situadas en las montañas al norte de Mallorca, donde las fuentes naturales son abundantes. No es sorprendente que se haya puesto un gran cuidado en la creación de cisternas grandes y a menudo hermosas, como las pertenecientes a Raixa y Canet, donde se almacenaba el agua para la casa y para el riego.

Las primeras casas rurales construidas por los caballeros de Jaime eran granjas medievales fortificadas, cuyo modelo eran las que fueron construidas por la misma época en Cataluña. En una época de gran agitación política y de un temor constante a los ataques de los piratas, estas *possessions* primitivas tenían fines más defensivos que agrícolas. Entre las múltiples reglas impuestas por Jaime el Conquistador, y a las que debían someterse sus soldados convertidos en terratenientes, estaba la defensiva. Todo terrateniente tenía el deber de proteger su propiedad lo mejor posible ante cualquier ataque. Dadas las circunstancias, la medida no resulta sorprendente. En una época políticamente convulsa y de feroces actividades de piratería (éstas últimas fueron una amenaza hasta el siglo XVIII) las isla y sus habitantes eran especialmente vulnerables. El resultado es que la arquitectura mallorquina adoptó un aspecto fortificado. Se construyeron muros sólidos, como los que rodean el patio de Son Torrella, y se edificaron torreones y almenas. Se construyeron una serie de torres fortificadas de protección a lo largo de las costas más vulnerables. Aún pueden verse algunas en Son Marroig y Son Mas, testigos de la sombría historia mallorquina.

PÁGINAS 80/81: *Patio de Son Seguí, centro de lo que fueron extensas propiedades de la familia Oleza en la comarca de Santa Maria.*

Detalle del patio (clastra) *de Son Torrella.*

Arquitectura Rural

Con el paso de los años y mientras una generación seguía a otra, muchas de las *possessions* más antiguas perdieron algunas de sus funciones militares y su estilo se volvió cada vez más rural. La naturaleza había dejado de ser algo salvaje que inspiraba temor y de la que había que protegerse: al contrario, se convirtió en una fuente de riqueza y alimento. Se agrandaron las ventanas y las puertas para exhibir vistas del panorama circundante y se construyeron logias como una extensión de las casas. Las galerías también se convirtieron en un elemento cada vez más frecuente y, en algunos casos menos habituales, como en Raixa y Canet, se introdujeron jardines de estilo italiano para que los miembros de las familias nobles pudieran pasear y entretener a sus huéspedes. De un modo similar, los patios o *clastres* perdieron algunos de sus propósitos defensivos y su estilo se hizo más doméstico; eran un lugar de encuentro y, aún más importante, una zona de trabajo que proporcionaba abrigo de las borrascas y el frío clima invernal y también del ardiente sol veraniego. Se solía plantar un árbol de grandes dimensiones en el centro del patio para proporcionar una zona de sombra para los trabajadores. El patio era el corazón de la vida campesina y el jardín, situado junto delante de la entrada – que solía estar rodeado por una balaustrada – era el lugar de reunión familiar al atardecer para contemplar el paisaje.

Los patios de las *possessions* más directamente rurales, aquellas en las que las funciones agrícolas, en oposición a las residenciales, eran más evidentes – como Sant Martí en las cercanías de la aldea de Villafranca en las planicies meridionales de Mallorca – recuerdan vagamente a las casas rurales del sur de Italia, como las de Sicilia y Puglia. Los elementos decorativos son muy sencillos y cualquier sentido de la simetría ha sido desbaratado por las generaciones sucesivas. Se han ido abriendo puertas y ventanas de un modo casual según la necesidad, o así parece, y no da la sensación de que hubiera un plan arquitectónico o una decoración formal.

Possessions Palaciegas

Imagen de San Martín de Tours sobre el portal principal de la vieja baronía de Sant Martí de Vilafranca. Es una réplica en piedra que en el siglo XVIII reemplazó a una de madera del siglo XVI que aún se conserva.

Con el desarrollo de la industria mercantil de Mallorca, las viejas familias aristocráticas adquirieron grandes riquezas y se crearon nuevas dinastías. Esto provocó una serie de cambios en el estilo de las mansiones rurales; algunas perdieron su sencillez a favor de un estilo más magnífico y ostentoso. En Raixa y Canet las casas se ampliaron para darles un aspecto más grande e imponente; los detalles ornamentales de claras influencias italianas se convirtieron en elementos comunes. La finalidad de todas estas transformaciones eran el deseo de muchas familias adineradas de alejar sus casas rurales de sus orígenes agrícolas. El propósito del nuevo estilo consistía en exhibir una atmósfera de ociosidad indolente típica de las mansiones italianas y de ocultar los aspectos más rurales.

Las fachadas se volvieron más magníficas y los emblemas familiares, como la maravillosa talla en piedra de un caballero montado en su caballo que se halla encima de la entrada de Sant Martí, se hicieron más grandes y elaborados, otorgando así un encanto más aristocrático a muchas entradas. De un modo similar, las logias con arcos se convirtieron en la regla, más que en la excepción y solían estar construidas de un modo elegante, como el arco doble que da al patio de La Granja. Las escalinatas y las ventanas, aunque rara vez alcanzaban la grandiosidad de los palacios ciudadanos, tenían un estilo más decorativo e italiano.

Sin embargo, en la mayoría de los casos, estos detalles elaborados son como fragmentos de un rompecabezas incompleto, reunidos en una composición suelta y libre. Es raro hallar un *son* que imite verdadera y auténticamente un modelo italiano original. Canet, situado cerca de Esporles, es uno de los pocos ejemplos de una *possessió* cuyo estilo está cerca al de una mansión italiana renacentista, un tributo espléndido a la arquitectura toscana dieciochesca. Situada sobre una ladera y rodeada de bosques, no es

Detalle de la fachada de Son Torrella, Santa Maria.

La imponente columna en el patio de Vinagrella, con la escalera de acceso al primer piso.

Acceso a Son Berenguer, en Santa Maria.

Una fuente en el jardín de Raixa, finales del siglo XVIII.

PÁGINA OPUESTA: *El patio de la Granja visto desde la esplendida logia, echa construir por la familia Fortuny en el siglo XVIII.*

Son Forteza de Puigpunyent fue reformada a mediados del siglo XVII por el mercader ennoblecido D. Joan Mir i Ramis, cuyo escudo se ve sobre el portal.

Detalle del patio de palmeras de Raixa.

Detalle del patio de Raixa, en Bunyola.

PÁGINA OPUESTA: *Jardines de Canet, en Esporles. La casa está casi abandonada, aunque los jardines se siguen cuidando.*

lo que se espera encontrar en una región tan salvaje y remota de Mallorca. Diversos comentaristas han sugerido que la opulencia y la grandiosidad de Canet son el resultado de la necesidad del propietario de demostrar su poderío y riqueza. La disposición sugiere que éste es efectivamente el caso. Al aproximarse a Canet, lo primero que llama la atención es la simetría de la fachada, que no suele ser un elemento habitual de la arquitectura rural mallorquina. Todas las ventanas y las puertas, tanto las de la fachada como las que dan al patio, están alineadas y tienen las medidas clásicas y la armonía de la arquitectura italiana. Aunque la decoración es espartana, las dimensiones no lo son. Incluso el patio, que suele ser una zona íntima y rural (y por ello menos ostentosa) parece exhibir el mismo afán por la simetría. Para reforzar su encanto lujoso se importaron materiales nobles de Italia, como el mármol de Carrara, para decorar algunos de los suelos y marcos de puertas del interior.

Vista de Son Forteza de Puigpunyent, con la fachada de mediados del siglo XVII.

Otra *possessió* que reproduce la arquitectura italiana es Son Forteza, cerca de Puigpunyent. Situada sobre una colina elevada y rodeada por terrazas de olivares y jardines, esta casa de color marfil que se asoma a una plantación de limones es absolutamente monumental, una de las casas más ambiciosas construidas fuera de Palma.

Las dimensiones de Son Forteza son vastas y su disposición armoniosa recuerda las mansiones de los Médici. La fachada septentrional simétrica, las ventanas rectangulares más grandes y las entradas laterales idénticas, con piedras dispuestas en forma radial hacia el exterior, son de un estilo especialmente italiano. El patio, por contra, es de tipo sencillo y doméstico. Algunas partes de los muros desteñidos estucados de color rosa están cubiertos por rosas y otras trepadoras y el pozo del centro no está decorado.

Un patio que sí se corresponde con la magnificencia del exterior se halla en Son Berga Nou. Aunque las paredes y los cielorrasos abovedados debajo de la logia están

PÁGINA OPUESTA: *Claustro del que fue el convento de los Mínimos, del siglo XVII, en Can Conrado, Santa Maria.*

relativamente poco decorados y están cubiertos de yeso blanco espeso, se evoca una sensación de ligereza elegante gracias al uso de una piedra clara de color arena para las columnas, que se destacan contra los muros pintados de blanco. El suelo del patio está decorado con un mosaico de piedras diferentes que añaden un toque sencillo pero llamativo.

George Sand ha sugerido que este gusto de finales del siglo XVII y XVIII por la grandiosidad es el resultado de una rivalidad creciente entre las poderosas familias nobles de Mallorca. Muchas de estas 'viviendas pintorescas', escribió eran la manifestación tangible del deseo de destacar entre personas 'que se afanaban por superarse las unas a las otras'. Este, hasta cierto punto, es el caso, en efecto. La historia individual de muchas familias aristocráticas mallorquinas está contaminada con la sangre de muchas luchas para adquirir poder y preeminencia económica. De ahí la necesidad de crear, tanto en Palma como en el campo, unas viviendas que impresionaran y exhibieran la riqueza y el buen gusto de las familias.

Existe otra razón para la falta de un estilo arquitectónico congruente. La variedad de la arquitectura mallorquina rural, de sus grandes mansiones y posesiones, también es una consecuencia inevitable de lo remoto de su situación. La distancia geográfica existente entre los modelos a imitar, como las mansiones florentinas o genovesas, condujo a un relajamiento inevitable de las reglas arquitectónicas. Este aumento en la libertad de expresión tuvo como resultado una adaptación libre de los motivos decorativos según los materiales disponibles. En otras palabras, cada *possessió* es un compromiso entre el estilo de la época, el gusto personal y el confort.

PÁGINA OPUESTA: *El patio de Son Forteza de Alaró.*

PÁGINA SIGUIENTES: *La fachada dieciochesca de Raixa, en Bunyola, echa construir por el Cardenal D. Antonio Despuig i Dameto.*

El patio de Son Forteza de Puigpunyent, de mediados del siglo XVII.

Fachada neogótica de Bendinat con el blasón de los condes de Montenegro, que reformaron la casa en 1888.

Detalle de la fachada neogótica de Bendinat, segunda mitad del siglo XIX.

Detalle de la fuente a la base de la escalinata de Raixa, finales del siglo XVIII.

PÁGINA OPUESTA: *La logia de Raixa, edificada por el Cardenal D. Antoni Despuig i Dameto a finales del siglo XVIII.*

La impresionante alberca de Raixa, probablemente la más grande de Mallorca.

Efectos Decorativos

La belleza de la arquitectura rural mallorquina consiste principalmente en el trazado y la ubicación de las casas, grandes y orgullosas, dentro de unos paisajes magníficos. El enorme tamaño de muchas de éstas ha hecho que la mayoría de los intentos decorativos exteriores parezcan vanos o meramente ridículos. No hay sitio para lo 'bonito' dentro de estos muros sobrios y la decoración se ha reducido sobre todo a los balcones, los escudos de piedra de las familias que se encuentran sobre las entradas, las balaustradas de hierro y los detalles decorativos de forja que rodean los pozos en los patios. En algunos casos, las entradas secundarias que franquean el paso desde los patios y las ventanas pequeñas que reemplazaron a las góticas originales están hermosamente talladas. A veces hay decoraciones pintadas, además de costosas piedras y mármoles, pero son muy poco frecuentes; en algunos casos se emplearon azulejos coloreados para decorar el interior (en especial las cocinas y los baños) y también los jardines.

Una de las técnicas decorativas empleadas en los muros de muchas *possessions* se conoce como *pedra brodada* o *brodada de macolin*. Se trataba de una técnica muy sencilla: consistía en introducir pequeños trozos de piedra en las paredes estucadas antes de que el yeso se endureciera. En muchos casos, como en el de Son Moragues, todo el muro estaba cubierto de *pedra brodada* con el fin de crear una sensación de profundidad y movimiento en una superficie amplia. En Son Seguí, cerca de Santa María, tanto las paredes de la capilla como las de la casa han sido decoradas de esta guisa para dar la sensación de un mosaico desigual. Esta técnica también evitaba que las grietas en el yeso fueran excesivamente visibles.

A veces se ha utilizado la *pedra brodada* para crear dibujos elaborados. En uno de los jardines de los monjes de la Cartuja, situada por encima de la aldea de Valldemossa, hay una pared detrás de una fuente en la que aparece el pequeño dibujo de un monje orando junto a una capilla. Se trata de uno de los múltiples ejemplos que ilustran la versatilidad de esta técnica sencilla, usada con frecuencia para proporcionar un aspecto juguetón e ingenuo a las paredes desnudas. Uno de los ejemplos más interesantes y elaborados aparece en el exterior de Galatzo. Se han introducido trocitos de piedra en el estuco, formando motivos florales geométricos y delicados, que evocan vagamente los dibujos murales neoclásicos.

Uno de los tributos más impresionantes rendidos a la piedra que se halla en Mallorca está oculto en el corazón de la región montañosa de Oriente. Se llama Comasema. Al aproximarse a esta *possessió* a lo largo de una carretera serpenteante que atraviesa un valle salpicado de asfódelos, y repleto de algarrobos y viejos olivos, se percibe una abrumadora sensación de grandeza que surge de cada piedra del edificio. Su fuerza monumental y su sencillez severa, ubicada en un paisaje tan montañoso y salvaje, evoca la enormidad seca de los antiguos templos tibetanos o las fortalezas medievales. El patio abierto a los valles y las irregularidades creadas por las múltiples ampliaciones realizadas a lo largo de muchos siglos le confieren una sensación decididamente rural.

Comasema era una de las propiedades más ricas de la isla; su aceite de oliva era famoso por su acidez perfecta. Casi no tiene elementos decorativos; en Comasema todo es duro, seco y masculino. Hasta el patio, una zona tradicionalmente íntima y acogedora, se caracteriza por la misma dureza. Unos vagos intentos decorativos en la escalinata y los balcones que dan al patio no suavizan en absoluto la característica militar y parecida a una fortaleza de este edificio impresionante.

Son Berga Nou, construida en 1798 en el distrito de Establiments justo al norte de Palma, también es grandiosa y desolada. La rica y poderosa familia de los Berga desciende directamente de Jaime el Conquistador, y la casa fue una de las muchas propiedades adquiridas con los años. Al igual que Comasema, es una de las pocas propiedades de la isla que ha sobrevivido en condiciones razonablemente buenas.

Son Berga parece más agraciada y elegante que la mayoría de las casas rurales, en parte gracias a la claridad de sus muros exteriores: ocre claro y persianas de color marfil.

Detalle de una fuente en el jardín de una celda de la Cartuja.

PÁGINA OPUESTA: *La fachada de Vinagrella, en Llubí, reformada a finales del siglo XVII por la familia Zaforteza.*

Decoración con piedras en la fachada de Son Seguí.

La cocina de Sarriá, Puigpunyent, con sus magníficos azulejos.

Sin embargo, la belleza del edificio se basa en gran parte en sus elementos de piedra, como el vestíbulo de arenisca y la amplia escalinata cubierta por arcos. Durante los siglos XVII y XVIII, las paredes desnudas de piedra tendían a cubrirse cada vez más con yeso. A veces se pintaban en colores naturales como el ocre o el verde pálido, pero en la mayoría de los casos eran blancas y el único toque de color de las fachadas era un reloj de sol, que solía estar pintado dentro de un marco barroco de color rojo o verde, con bonitas inscripciones y la fecha, que aparecía debajo.

El hierro es el único material que ha sido empleado en la arquitectura rural con fines tanto decorativos como prácticos. Son frecuentes las campanas de hierro, las balaustradas con dibujos geométricos o florales, además de los arcos que decoran los pozos. En Es Pagos, la forja del pozo representa un pavo real, el ave que da su nombre a toda la propiedad. En algunos casos, las verjas, las balaustradas y los hogares están hechos de barro cocido en lugar de piedra o hierro. Esto parece confirmar la necesidad de utilizar materiales poco costosos y naturales en la isla.

La mayólica pintada, en forma de azulejos coloridos, no es común pero puede hallarse decorando las paredes y las superficies de las cocinas y, con menor frecuencia, los suelos de una capilla. A veces también puede observarse rodeando los senderos de un jardín o unas fuentes exteriores. Uno de los ejemplos más hermosos es la cocina de Sarriá. Los colores y los dibujos brillantes de los azulejos parecen complementar las paredes pintadas de blanco y la sencillez desnuda de los muebles.

Interiores

La característica más llamativa del interior de muchas *possessions* es el distorsionado

Acceso principal de Comasema desde el patio.

PÁGINA SIGUIENTES:
Comasema es unas de las mejores muestras de las grandes casas reformadas en el siglo XVII.

Vista de Comasema, en la qual se aprecia la fortificación.

El patio de Santa Ponça, de origen medieval.

Piedras (rotes) *utilizadas para la delimitación de las cuarteradas de las fincas.*

sentido espacial que logran generar. La cantidad de habitaciones y el enorme tamaño de algunas de las estancias principales parecen desproporcionadas en relación al tamaño exterior de las casas. Muchas fueron diseñadas para albergar a una gran cantidad de personas: la familia del dueño (a veces había diversas generaciones viviendo debajo del mismo techo), además de numerosos sirvientes y sus familias.

George Sand se asombró por la gran cantidad de sirvientes empleados en casi todas las viviendas aristocráticas de Mallorca. Después de visitar algunos palacios privados de Palma escribiría que 'los *Cavallers* de Mallorca consideran que es un lujo emplear a una plantilla de quince personas en un establecimiento que, como máximo, requeriría a dos'. A pesar del empobrecimiento gradual de las familias antiguas, esta costumbre extravagante perduró hasta los primeros años de este siglo.

Con el fin de alojar a todas estas personas bajo un mismo techo, las *possessions* estaban diseñadas para contener dos dependencias separadas. Una estaba ocupada por el granjero y su familia, la así llamada *casa dels amos*, y sus habitaciones sencillas y desnudas estaban ubicadas en la planta baja. La otra se hallaba en el primer piso, donde el terrateniente y su familia se alojaban cuando iban al campo. Aunque las 'dependencias nobles' eran de un estilo más opulento y estaban bien amuebladas, las que resultan particularmente interesantes son las de los granjeros. La *casa dels amos* de Son Forteza en

La cocina de Sa Bassa Blanca, Alcudia.

Vista general de Sarriá, Puigpunyent. La casa fue construida por la familia de mercaderes Llabrés, y en el siglo XVII pasó a la familia Armengol, que ennobleció su estilo. En el siglo XIX fue usada como convento.

PÁGINA OPUESTA: *Vista panorámica del valle de Moncaire, Soller.*

Los arcos del patio de Sant Martí, que corresponden a una reforma de principios del siglo XVIII.

Fachada con logia de Es Canyar, un magnífico ejemplo de construcción "ex novo" en el típico estilo mallorquin.

PÁGINA OPUESTA: *Patio de Sa Bassa Blanca, obra del arquitecto egipcio Hassan Fathy (1900–1989).*

Puigpunyent y la de Son Berga Nou han sobrevivido casi intactas hasta el presente. En ambos casos, las paredes encaladas se acomodaban literalmente a las necesidades prácticas de la vida cotidiana y exhiben lo que en una oportunidad George Sand describiría como el 'buen gusto natural' de los mallorquines. Los asientos están hechos a partir de grandes bloques de piedra, mientras que los hogares y las estufas habían sido diseñados como una parte del todo y no como elementos separados. El efecto total es un diseño limpio, sencillo y funcional y, a diferencia de los pisos superiores, se crea una sensación de sencillez natural y falta de simetría evocada en el siglo XX en la obra de Antonio Gaudí.

En *Un hiver à Majorque* de George Sand aparece una descripción interesante del interior de una casa rural típica. Después de unas dificultades iniciales para encontrar un alojamiento adecuado en la isla, la escritora, sus dos niños y Chopin alquilaron una casa de campo cerca de Establiments llamada Son Vent, la casa del viento, a causa de su exposición a los elementos. Se enamoraron de este sitio y del paisaje circundante, aunque las habitaciones les parecieron un tanto incómodas. Esta es la descripción que ofrece del interior:

> 'Estaba amueblada como todas las casas campestres mallorquinas: con catres o camas de madera pintadas de color verde, que solían estar compuestas por dos caballetes sobre los que se apoyaban dos tablas y un colchón delgado, sillas con asientos de paja, mesas toscas de madera, paredes desnudas pero inmaculadamente encaladas y, un lujo máximo, ventanas de cristal en casi todas las habitaciones'.

Durante el siglo XIX, la atmósfera espartana de estas casas cambió por completo. La hermosa *possessió* de Els Calderers, situada tierra adentro en la región meridional de Mallorca entre las aldeas de Villafranca y Sant Joan, es un ejemplo espléndido de los cambios sufridos. Aunque el edificio principal se remonta al siglo XVIII, las habitaciones interiores fueron amuebladas durante el siglo XIX y son pequeñas e íntimas. Los hogares, como el espectacularmente ornado que se halla en el salón principal o el del despacho del amo, son elementos habituales.

La característica más llamativa de muchas de estas habitaciones, en especial los dormitorios principales, los vestidores y el salón principal, es la sensación de desorden refinado que provocan. En las paredes cuelgan retratos de familia junto a fotografías desvaídas en marcos de madera. En una habitación hay numerosos bastones tallados que cuelgan de un estante especial sobre la pared.

La extravagancia más fascinante del siglo XIX se halla en las habitaciones de la planta baja del hermoso y dieciochesco Son Berga Nou. Se accede a éstas a través de una serie de dignas estancias interiores que dan paso a un diseño inesperadamente fantasioso. Las paredes y los cielorrasos han sido literalmente cubiertos por figuras cuidadosamente dispuestas y viejos recortes de periódicos. Hay diminutos ejércitos de soldados de papel que se reunen en el cielorraso abovedado en un desfile imaginario de uniformes, mientras que desde las paredes un gran número de hombres y mujeres escudriñan la habitación desde su fondo de papel con una aparente ironía cómplice. El artista era el abuelo del dueño actual, que vivió en Son Berga durante largos períodos a lo largo de la segunda mitad del siglo XIX.

Otro interior mallorquín flagrantemente excesivo es el de la casa neogótica de Bendinat. Aunque el exterior, con sus torretas y su gran águila de dos cabezas que se asoman a un jardín pseudoitaliano con fuentes y grutas, ya es bastante sorprendente, lo que realmente marca la pauta son los interiores. Penetrar en Bendinat es como penetrar en una pesadilla victoriana. Los murales de algunas de las paredes ilustran escenas basadas en la conquista cristiana de Mallorca: unas mujeres musulmanas cubiertas de oro y con velos se arrodillan ante los conquistadores en acto de sumisión, mientras que sus hombres, descalzos y ataviados con ropajes exóticos y extravagantes, son conducidos

PÁGINA OPUESTA: *Granero en el primer piso de la dependencia agricola de Els Calderers, construida a finales del siglo XIX por Dona Margalida de Verí y Fortuny, una artistócrata que fue célebre por sus iniciativas en la explotación de la tierra y en la creación de bancas rurales.*

Fachada principal de Els Calderers, Sant Joan, siglo XVIII.

Dormitorio principal de Els Calderers.

Sala en la entrada de Els Calderers.

Detalle de un pequeño salón en la planta baja de Els Calderers.

Comedor en la planta baja de Son Forteza de Alaró.

Comedor principal de Son Forteza.

PÁGINA OPUESTA: *Detalle de la almazara de Son Berenguer, en la parte antigua de la casa.*

PÁGINA OPUESTA: *Detalle de la bodega de Es Pagos, Vilafranca, del siglo XVII.*

La almazara (tafona) *de Bendinat, en la casa antigua.*

Entrada principal de Sant Martí; al fondo, un retablo gótico.

Detalle de la biblioteca de Sa Bassa Blanca, Alcudia.

PÁGINA OPUESTA: *Pequeña sala en Son Berga.*

Dormitorio de Can Conrado, con cama de baldaquino del siglo XVIII.

DERECHA: *Sala de Son Forteza de Puigpunyent, del siglo XVII.*

ante el rey. Las escenas del gran banquete que supuestamente tuvo lugar poco después de la conquista están pintadas con detalles gráficos.

Otras habitaciones exhiben obras de carpintería versátiles y habilidosas: las puertas están talladas y los marcos de las ventanas son puntiagudos, con auténtico estilo gótico. Los azulejos de uno de los baños están decorados a la manera de una de las artesanías más antiguas de la isla. La pequeña habitación está completamente cubierta por azulejos azules y blancos que ilustran un paisaje romántico con cisnes y bosques. Fueron fabricados en una famosa fábrica mallorquina de azulejos llamada 'La Roqueta', que cerró a principios de este siglo. Aunque muchos mallorquínes consideran esta casa como una monstruosidad que es mejor olvidar, no deja de ser una mezcla fascinante y original, representativa de un gusto eclético y neogótico.

La Granja

PÁGINA OPUESTA: *Detalle de una sala de Sant Martí, Vilafranca.*

Al igual que Els Calderers, esta *possessió* ha sido restaurada recientemente por su dueño, Cristóbal Seguí Colom, y convertida en un hermoso museo que ilustra la vida rural tradicional de la isla. Muchas de sus habitaciones están decoradas en un estilo inusual y poco característico. A diferencia de construcciones fortificadas como Son Torrella o Comasema, o la imponente opulencia de Canet, La Granja es un homenaje jubiloso a la

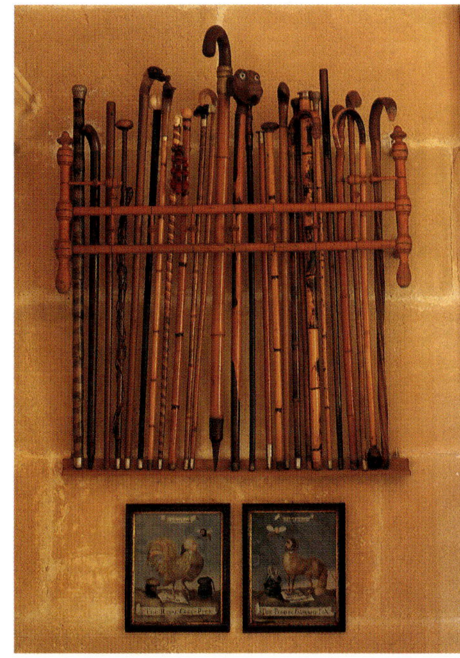

Detalle del despacho en Els Calderers.

IZQUIERDA: *El dormitorio del niño en la Granja.*

luz y el color. Sus interiores pintados en tonos pastel son una mezcla de un gusto sofisticado y una artesanía vernácula.

Apenas se alcanza este sitio maravilloso, oculto en la zona montañosa cerca de Esporles, cerca de la costa noroeste, la sensación de paz proporcionada por la riqueza de la vegetación nos llama la atención. George Sand escribió que: '... si alguno de nuestros grandes pintores paisajistas visitara Mallorca, le recomendaría que prestase atención a una casa de campo llamada Granja de Fortuny, al valle de naranjos y limoneros que se extiende desde su columnata de mármol y a todo el recorrido de la carretera que conduce hasta allí.' Esta zona siempre ha sido valorada por sus numerosas fuentes. En la actualidad sigue habiendo una fuente delante de la casa, que surge de forma natural de las profundidades de las rocas. En este sitio parecen desarrollarse especialmente bien los naranjos, los limoneros y otros árboles.

La historia de La Granja es antigua. Antes de que los cristianos invadieran Mallorca, los moros se habían asentado aquí en una gran *alquería.* Más adelante fue construido un convento en el mismo lugar. A mediados del siglo XV, La Granja se

PÁGINA OPUESTA: *Vestidor de la Granja, en Esporles.*

ARRIBA: *Divertido techo decorado con recortes varios en Son Berga.*

DERECHA: *Detalle del despacho de Son Berga.*

PÁGINA OPUESTA: *Despacho en la planta baja de Son Berga, decorado con recortes varios de finales del siglo XIX.*

PÁGINA OPUESTA: *La capilla de Son Berga, con las adargas de combate de las familias Berga y Zaforteza y pinturas mallorquinas.*

La capilla de Son Seguí, Santa Maria. Cuerpo del altar de finales del siglo XVIII, bajo bóvedas del siglo XVI.

ARRIBA: *La capilla de Son Forteza de Alaró es una de las pocas con artesonado decorado con pinturas.*

ARRIBA, A LA DERECHA: *Detalle del retablo datado 1571 en la capilla de Comasema, en el valle de Orient.*

DERECHA: *La capilla de Son Berenguer, en Santa Maria.*

La capilla de Son Forteza de Puigpunyent. Retablo del siglo XVII, que hizo construir el mercader ennoblecido D. Joan Mir i Ramis.

Parte superior de la escalera principal de Vinagrella, en Llubí.

Sala de Vinagrella con damascos mallorquines del siglo XVIII y retratos de la familia Zaforteza.

Sala de Can Conrado, donde se puede ver un retrato de cuerpo entero del tesorero real Esteve Conrado i Dalabau (segunda mitad del siglo XVII).

Despacho de Can Puig, casa señorial en el pueblo de Artá.

El comedor de Can Puig.

La escalera principal de Sant Martí.

La capilla de Sant Martí, con retablo del siglo XVII.

PÁGINA OPUESTA: *La capilla de Raixa. Bajo unas bóvedas del siglo XVI, un retablo del siglo XVIII con las armas de Ramon Despuig i Martínez de Marcilla, anterior al año 1736 en que fue elegido Gran Maestre.*

Pasillo en Son Forteza, con la entrada a la capilla.

Dormitorio con típica cama mallorquina en Son Forteza de Alaró.

convirtió en una propiedad privada que pasaba de una familia a la siguiente, hasta que en el año 1665 se convirtió en propiedad de la rica y aristocrática familia Fortuny, que la transformó en su residencia veraniega.

Aunque el núcleo de la casa actual se remonta al siglo XVII, durante el dieciocho fue ampliado y modificado. La Granja es uno de los ejemplos de la arquitectura rural mallorquina más interesantes que existen. El patio por ejemplo, es mucho más que un mero espacio cuadrado rodeado de muros. Está embellecido por una galería larga que recorre la cara sur y por una hermosa escalinata de madera y una fuente sencilla de estilo florentino. La fachada consiste en dos torres unidas por una larga galería cubierta por arcos; es poco habitual porque está abierta por ambos lados, permitiendo que la luz penetre con libertad tanto al patio como al interior. Una arenisca rojiza, un material común de Mallorca, enmarca las puertas, las ventanas y los arcos, las columnas y las balaustradas. Las paredes de color ocre claro y el verde claro brillante de las persianas de madera destacan contra su color rojizo y cálido.

Los espacios interiores de La Granja reflejan la belleza y luminosidad del paisaje exterior. Unas habitaciones frescas se asoman por un lado al jardín de rosas y por el otro al patio interior. En el salón hay un trompe l'oeil inusual que ilustra un paisaje local, imitando un fresco florentino con vistas de montañas y una verja delicada en primer plano. El cielorraso está pintado como una sombrilla gigante, con un candelabro en trompe l'oeil que cuelga del centro. Otro elemento poco común es un escenario empotrado con cortinas, ubicado en un extremo de la habitación más grande de la casa, construido para una orquesta que tocaba durante los bailes y banquetes.

ABAJO, A LA IZQUIERDA: *Una sala en el primer piso de Bendinat, con típicos retratos mallorquines.*

El comedor de Bendinat, de las familias Despuig y Rocabertí, con pinturas de finales del siglo XIX.

Bendinat, Calviá. Salón de la chimenea en estilo trobadour, decorata a principios del siglo XX por D. Ramon Despuig i Fortuny, VII conde de Montenegro.

Detalle del salón de la chimenea en Bendinat.

La capilla neogótica de Bendinat.

Detalle de una puerta en la almazara de Bendinat.

Dormitorio en el primer piso de Bendinat.

PÁGINA OPUESTA: *Azulejos de la fábrica mallorquina* La Roqueta, *datados 1904, en un baño de Bendinat.*

Dormitorio en el primer piso de la Granja.

La logia de la Granja de Esporles, obra cercana a 1716 que se enmarca en la corriente de incorporar elementos urbanos en algunas grandes casas rurales.

Sala de juegos en la Granja.

PÁGINA OPUESTA: *Un salón de la Granja con pintura mural de principios del siglo XIX.*

La cocina de la Granja.

Jardines

ARRIBA, A LA IZQUIERDA: *Sala en el primer piso de Vinagrella.*

ARRIBA, A LA DERECHA: *El comedor de Son Berenguer, en estilo mallorquín.*

Aunque los moros construyeron algunos jardines hermosos mientras dominaron la isla (los restos de uno de estos fueron la base sobre la que se construyó el jardín de Alfábia), estos jardines desaparecieron casi por completo después de la conquista catalana. En 1953, Graves escribiría que las *possessions* tenían 'jardines inexistentes', mientras que en 1928, Arthur Byne y Mildred Stapley describirían el típico jardín mallorquín como algo pequeño y fácil de cuidar. En muchos casos, los 'jardines' en la isla consisten de algunos tiestos con flores, una hilera de rosales, unos arcos cubiertos y algunos asientos de piedra con una mesa. Eso es todo. Con algunas excepciones, como Raixa, Canet y la más reciente Bendinat, prácticamente no existen esculturas ni azulejos coloreados en el suelo, como los que se hallan en los jardines andaluces. Los árboles constituyen el elemento decorativo principal, los naranjos y limoneros son las especies plantadas con mayor frecuencia. También se han plantado olivares en las terrazas cercanas y, en algunos casos, por ejemplo en Son Berga Nou, los viñedos están situados muy cerca de la casa.

Durante el transcurso del siglo XVII, se hicieron algunos intentos de imitar los grandes jardines italianos. El ejemplo más extravagante se encuentra en Canet. Cerca de la *esplanada* de la casa hay una gran escalinata de piedra con una hermosa balaustrada que conduce hasta una fuente decorada con una estatua, que en tiempos recientes lamentablemente ha sido dañada por vándalos. El jardín y el lago artificial de Canet son, como la misma mansión, un tributo importante al diseño italiano y ostentan varios árboles hermosos y raros, que prosperan en lo que parece un microclima perfecto.

Sin embargo, el jardín de estilo italiano más esplendoroso de Mallorca es el que rodea Raixa, cerca de la ciudad de Bunyola, en la carretera que va desde Palma a Sóller. Construido sobre una *alquería* morisca, Raixa (que sigue conservando su nombre árabe, lo que sugiere que se trataba de un lugar importante incluso antes de la conquista cristiana de la isla) fue transformada en una espléndida mansión de estilo italiano en el siglo XVIII por el cardenal Don Antonio Despuig i Dameto, miembro de una de las familias aristocráticas más poderosas de Mallorca: los condes de Montenegro.

El palacio Despuig de Palma solía considerarse como uno de los más notables y prestigiosos de la ciudad. El cardenal Despuig era un entusiasta arqueólogo aficionado y encargó muchas excavaciones en la isla. En Raixa también fundó un museo en el que se muestran valiosos hallazgos arqueológicos, y su jardín refleja su entusiasmo al exhibir varias estatuas romanas antiguas. A principios de este siglo, la mayoría de las estatuas de Raixa fueron vendidas por el conde de Montenegro a la ciudad de Palma. Sólo la gran escalinata de piedra, que conduce desde la mansión hasta el jardín escalonado superior, es un indicio del esplendor original. A ambos lados de la escalinata, unos leones de piedra se alternan con figuras humanas y conducen hasta la fuente en la parte superior. Todo el jardín, al igual que los italianos más tradicionales, se extiende por una serie de terrazas y se asoma a un gran lago rectangular artificial.

El jardín de Raixa también oculta una serie de caprichos, concebidos y realizados por el extravagante Despuig. Hay unas falsas ruinas de piedra, junto a una ventana gótica original, que en una época pertenecieron a un convento arruinado de Palma. Ocupan una zona umbría del jardín y confirman el hecho de que la manía dieciochesca de recrear ruinas pintorescas se había abierto paso en la isla. En otro rincón del jardín hay una casa de niños que reproduce, en miniatura, un típico hogar antiguo mallorquí. Los jardines de Raixa sólo conservan una sombra de lo que fue su antiguo esplendor, pero no dejan de ser atrayentes y encantadores.

Hoy en día, muchas de las *possessions* de Mallorca están más o menos abandonadas. Algunas, como Raixa y Canet, han conservado su encanto a pesar de los estragos provocados por el tiempo y la falta de cuidados de algunos de sus antiguos propietarios. No cabe duda que los románticos se hubieran sentido inspirados por la belleza decadente de estos edificios y sus patios cubiertos por malezas. Otras *possessions*, como Son Berenguer cerca de la aldea de Santa María, han sido amorosamente restauradas y algunas, como La Granja, Els Calderers y Can Conrado, han sido salvadas de la destrucción progresiva como museos. Pero con todo, sólo un pequeño conjunto permanece intacto y conserva algunas de sus funciones originales. Uno de estos es Comasema, que hasta el día de hoy encarna el antiguo espíritu y la ruda belleza de la Mallorca rural.

Valldemossa

La aldea medieval de Valldemossa, cerca de la costa noroeste, y su impresionante paisaje montañoso, tienen una importancia histórica única. Al margen de su belleza natural, Valldemossa es muy conocida como el lugar natal de la única santa mallorquina: Catalina Tomás, canonizada en 1935. El antiguo monasterio cartujo que se encumbra por encima de la aldea ha contribuido a su fama, al igual que el gran palacio austero conocido como Palacio del Rey Sancho, adjunto al monasterio.

En la década de 1830, George Sand pasó muchos meses en Valldemossa; se alojó en una de las antiguas celdas del monasterio y resumió su historia y carácter en unas pocas palabras:

PÁGINA OPUESTA: *La magnífica escalinata del jardín de Raixa, obra del cardenal Antoni Despuig i Dameto de finales del siglo XVIII, esta dedicada al dios Apolo.*

La escalinata de la alberca de Raixa.

Los jardines de Canet.

'. . . Desde la época de los moros, la aldea de Valldemossa ha pretendido orgullosamente el título de ciudad: la llamaban Villa-Avente, un nombre romano que, supongo, le habían dado los pisanos o los genoveces. Está situada en la falda de la montaña, al mismo nivel que la Cartuja, de la que parece ser un anexo. Las casas, al igual que un conjunto de nidos de golondrina de mar, están como colgadas en un lugar prácticamente inaccesible y los habitantes, en su mayoría pescadores, abandonan sus hogares de madrugada y no regresan hasta la noche'.

PÁGINA OPUESTA: *El claustro neogótico de Bendinat, con diferentes especies de palmeras.*

Unos cuarenta años después de que Sand y Chopin abandonaran la isla, el archiduque Luis Salvador de Austria eligió esta mismísima región para desarrollar sus estados visionarios. En su libro escrito en idioma mallorquín, *Lo que sé de Miramar* (1911), registra sus impresiones de la primera vez que visitó Valldemossa en un día gris y lluvioso de finales de la década de 1860. El camino que conduce a la aldea, escribió, era difícil de recorrer a causa de su mal estado y las múltiples curvas. Cuando finalmente avistó la aldea, no podía creer lo que veía:

'. . . Llegamos a una casa vieja y abandonada, Son Oleza, entre rocas grises en las alturas de una meseta, rodeada por montañas por dos lados y abierta al mar por otro. Me parecía imposible que ésta fuese la ciudad de Valldemossa. Me habían dicho que existían muchos jardines y huertos y yo sólo lograba ver unos trozos de piedras grises dentro de los que crecían grandes troncos de antiguos olivos. Creía

Casas en el pueblo de Valldemossa.

Detalle de la decoración de un arco en la galería del Palacio del Rey Sancho, Valldemossa.

> que habíamos vuelto a perdernos y que lo que veía no era Valldemosa, después de todo . . .'

Como parecen indicar las palabras del archiduque, la característica más llamativa de Valldemossa es su ubicación y la dureza peculiar del paisaje que la rodea. Aunque la tierra era muy rocosa y difícil de cultivar, los habitantes locales habían logrado crear terrazas para cultivar olivos y otros cultivos. Como colgada en la cima de una montaña a unos cuatrocientos metros por encima del nivel del mar, ofrece unas vistas espectaculares del mar.

Después de llegar directamente desde las opulentas planicies de Establiments, Sand describe el paisaje como '... un terreno indeterminado, aquí cubierto de árboles, acullá seco y pedregoso, más allá otra vez húmedo y fresco... en todas partes cambia de carácter de un modo tan repentino como no lo he visto en ninguna otra parte...' Estaba impresionada por el 'encanto libre' con el que se manifestaba la naturaleza. Aquí estaba la rusticidad latina que había anhelado en París, con sus montañas rocosas, sus campos sin cultivar, su alfombras de vegetación espontánea y senderos hundidos extendiéndose a lo largo de torrentes de agua. '...Es una de las vistas más abrumadoras, que no deja nada por desear, nada para la imaginación...' escribió. 'Cualquier cosa que el poeta o el pintor pudiera soñar, la naturaleza la ha creado aquí: un vasto efecto general, detalles incontables, variedad inagotable, formas borrosas, contornos destacados, profundidades brumosas... ¡Todo! El Arte nunca podría añadir nada.'

El edificio más impresionante de Valldemossa es la Cartuja, el monasterio de los cartujos. Situado en la cima de una montaña, este edificio del siglo XIV fue construido originalmente como retiro para los monjes de la orden de San Bruno y cuenta con una vista extraordinaria de las montañas y el mar. Robert Graves, en sus notas a *Un hiver à Majorque* de Sand, cita a Sir John Carr, un abogado inglés que había visitado el convento en octubre de 1809. Su descripción de éste y de los campos cultivados que lo rodean ofrecen una imagen de los labores rurales que, en su actual estado de abandono, no son perceptibles.

> '. . . Cuando entramos en las propiedades del convento, la mano cultivadora parecía haber sido empleada todavía con más actividad y destreza. Después de recorrer las laderas de unas colinas sumamente pintorescas, ricamente ataviadas hasta la cima, rodeada por crestas construidas sobre muros de bancales una por encima de la otra, muy bien cuidadas, y por vides enroscadas alrededor de almendros cuyas ramas se inclinaban en racimos ricos y pesados, avistamos la fachada de color amarillo pálido del monasterio, situada a medio camino de la ladera de la montaña, en un retiro de calma y majestuosidad . . .'

Carr sigue describiendo su visita al interior del convento y a la iglesia de construcción reciente. La bóveda y el techo de la iglesia, informaba, habían sido pintados con colores vistosos y mal gusto por un artista italiano, mientras que las bases de las pilastras eran de un mármol fino proveniente de las canteras cercanas.

A principios de siglo, A. G. de Saint-Sauveur, el cónsul francés en las Baleares y autor de un libro de viajes acerca de la isla fechado en 1807, visitó La Cartuja. En aquella época el monasterio florecía y había más de cincuenta monjes que vivían y trabajaban allí, cultivando la tierra y ofreciendo alimento y hospitalidad a los necesitados. Cada monje, escribió, ...'dispone de un pequeño apartamento, consistente en tres habitaciones y un jardín, que cultiva para su diversión'. El cónsul francés también anotó que el monasterio era rico y que '... los monjes son muy caritativos con las familias pobres de Valldemossa...'

Cuando George Sand y Frédéric Chopin se detuvieron allí durante los fríos meses de invierno de 1838, la comunidad religiosa (que, durante el transcurso de unas pocas décadas había disminuido considerablemente) había sido disuelta y el mismo

Vista de Sa Coma, Valldemossa, ampliada en el siglo XVII y restaurada en la segunda mitad del siglo XIX por los marqueses de Vivot.

Una casa en el pueblo de Valldemossa.

monasterio suprimido. El sentido fantasmal de desolación que prevalecía dentro de este enorme edificio atrajo a los dos aventureros viajeros parisinos. Sand hizo comentarios acerca de la atmósfera inquietante que invadía la Cartuja durante muchas noches ventosas:

> '. . . Nunca he oído al viento aullar tan desesperadamente como en estas galerías huecas repletas de ecos. El ruido de los torrentes, las nubes que pasan con velocidad, el fuerte y monótono rugido del mar, interrumpido por el silbido de la tormenta y los lastimosos gritos de las gaviotas al ser arrastradas, desconcertadas y alejadas de su curso por el viento . . . las grandes nieblas que caían repentinamente, como mortajas y que, rezumando dentro del claustro a través de los arcos destrozados, nos volvía invisibles y transformaban la pequeña lámpara que llevábamos para guiarnos en un fuego fatuo errante . . . estos, al igual que otros miles de detalles de esta vida cenobítica que se apiñan en mi recuerdo, se combinaban para convertir a nuestro monasterio en la vivienda más romántica del mundo . . .'

Alguien que no estaba en absoluto impresionado por esta atmósfera de descuido y abandono era el archiduque Luis Salvador de Austria. describe su primera visita a Valldemossa y el monasterio de los cartujos como algo común y corriente. '... El gran pasillo desierto y sus celdas abandonadas no me resultaron atractivos. Nunca pensé que después de aquello regresaría tan a menudo a esta ciudad...'

ABAJO: *Sala en una celda de la Cartuja.*

ABAJO, A LA DERECHA: *Una celda de la Cartuja, recientemente reformada.*

La Cartuja consiste de una serie de grandes edificios con paredes gruesas de piedras decoradas. Es probable que la cosa más impresionante de la Cartuja sea su tamaño increíble. Saber que estas habitaciones espaciosas han sido ocupadas durante tantos siglos por una cantidad relativamente pequeña de personas las hace parecer aún más monumentales. Las antiguas celdas, cada una consistente en tres habitaciones amplias, están cerca del patio interior, recientemente convertido en un jardín encantador y ligeramente cubierto de plantas. El diseño de la iglesia es sencillo y está pavimentada con azulejos de barro exquisitamente decorados con ramilletes de flores que forman un dibujo parecido a una alfombra.

En la actualidad, la Cartuja pertenece a tres familias. Su visita incluye las habitaciones ocupadas por Sand y Chopin durante varios meses, que están abarrotadas por fotografías y objetos de interés vinculados con su relación y su estancia en Mallorca. Al salir de la celda y entrar en el pequeño jardín de rosas asomado a las montañas circundantes, la naturaleza salvaje y hermosa de este lugar se muestra abrumadora. La mejor manera de resumir esta experiencia es a través de un fragmento que aparece en una carta escrita por Chopin a su amigo Fontana en París, fechada el 3 de diciembre de 1838:

> '. . . Viviré en el lugar más hermoso de la Tierra: mar, montañas; todo lo que se podría desear. Viviremos en un viejo monasterio cartujo abandonado, del que Mendizábal parece haber expulsado a los monjes expresamente por mí. Está bastante cerca de Palma y nada podría ser más encantador: las celdas, un cementerio extremadamente poético . . .'

No lejos de la Cartuja se encuentra el Palacio del Rey Sancho. Construido en el siglo XIV, este austero palacio era una residencia invernal de los reyes de Mallorca. Aunque desde el exterior este enorme edificio ostenta la misma sencillez desnuda y casi austera de muchos palacios mallorquines, su interior es curiosamente magnífico. La decoración es exagerada: muebles oscuros y pesados del siglo XVII colocados delante de tapices bordados, espejos dorados tallados que comparten espacio con recargados retratos de familia y metros y metros de sedas preciosas, recuerdan los recargados espacios interiores de los palacios romanos.

Existen numerosas biografías de la santa de Valldemossa, Santa Catalina Tomás; una de las más completas fue escrita por el cardenal Despuig, que era el propietario de Raixa. Según esta obra, Santa Catalina nació en el seno de una familia buena pero empobrecida y, desde su juventud, mostró indicios de una gran devoción religiosa, increíble para su edad. Mantenía un ayuno estricto en días señalados y siempre recitaba su rosario durante los paseos por el campo; utilizaba las hojas de los olivos o los lentiscos para contar las décimas. Según investigaciones realizadas por Robert Graves, Santa Catalina también solía '... mezclar arena con la sopa disimuladamente, para contrarrestar el pecado de la gula.' La alegría que le provocaba la oración y la vida solitaria, junto a su desagrado por los bailes y otros entretenimientos seculares, le otorgaron el sobrenombre de *viejecita.*

> '. . . su retiro y su abstinencia fueron premiados por una visita angelical y toda la compañía celestial: Jesucristo, Su Madre y los Santos vinieron a servirla, La Virgen curó sus enfermedades, San Bruno la levantaba cuando caía, San Antonio la acompañaba a través de la oscuridad de la noche, llevando su cántaro y llenándolo en el pozo, Santa Catalina peinaba el cabello de su tocaya y cuidaba de sus necesidades como una madre vigilante, San Cosme y San Damián curaban las heridas que recibía en las luchas con el Demonio . . . y finalmente, San Pedro y San Pablo permanecían a su lado para asistirla y defenderla de la tentación'.

Catalina Tomás tomó las órdenes en el convento de Santa Magdalena de Palma. En la

Un salón adamascado en el Palacio del Rey Sancho.

Detalle del salón de la chimenea, Palacio de Rey Sancho.

El porche de una de las celdas reformadas de la Cartuja.

mampostería en el fondo de la iglesia de San Nicolás de Palma está fijada la piedra sobre la que estaba sentada cuando se le apareció la Virgen y le aseguró que sería admitida al convento. Sus biógrafos describen sus capacidades profetizadoras y su talento para hacer milagros. Murió en abril del año 1574. George Sand cuenta que su muerte fue considerada un desastre público y que recibió los más altos honores. El cuerpo de Catalina descansa en la iglesia dedicada a ella y, en ciertas ocasiones, se sigue exhibiendo ante los fieles. Esta mujer santa de antecedentes muy sencillos fue beatificada en 1792 por el Papa Pío VI y canonizada por Pío X en 1935. Su identidad puede reconocerse en las imágenes por el pan blanco de higos que lleva como un icono.

· 4 ·

El Archiduque Luis Salvador

Era una noche clara, una de esas noches invernales en las que las estrellas son tan visibles que podrías tocarlas. El viento que soplaba desde el mar era tan frío que no me dejaba dormir y sin embargo reinaba tanta paz por encima de la vieja torre que mis pensamientos volaron hacia Miramar y me dije: cuán hermoso sería pasar estas horas en las alturas de su terraza. Esto ocurrió la primera vez que pensé en comprar Miramar.

Luis Salvador de Austria, *Die Balearen*, 1869–1891

La historia reciente de una región amplia y hermosa, que se extiende desde los picos nevados de los montes Teix hasta los acantilados salvajes y rocosos situados entre las aldeas de Valldemossa y Deiá, a lo largo de la costa noroeste de Mallorca, está ligada al destino de un hombre: el archiduque Luis Salvador de Austria. Durante más de cuatro décadas, que comienzan a partir del día que llegó a la isla en 1867, el archiduque cambió el curso de los acontecimientos en esta parte de la isla. Compró y restauró numerosas casas y *possessions*, cultivó la tierra y plantó viñedos y árboles. También creó jardines y caminos que se abrían paso a través de bosques densos y conducían a miradores, en los que a veces construyó belvederes.

El archiduque también escribió y publicó diversos libros y estudios acerca de Mallorca. El más notable fue *Die Balearen* (1869–1891), una opulenta obra de investigación que consiste de ocho volúmenes que examinan aspectos diferentes de la vida en las islas, históricos, naturales y geográficos. Otras obras, como una guía, un volumen acerca de Miramar, la primera propiedad que adquirió en Mallorca y su homenaje a Catalina Homar (la mujer de Valldemossa que se convirtió en su amante y, más adelante, en guardesa de S'Estaca) publicado en 1905, ofrecen relatos más íntimos de las experiencias y los sentimientos del archiduque. Lo más importante es que la vida de Luis Salvador en Mallorca representa los generosos intentos de un hombre de conservar algo de la herencia más preciosa de la isla: sus tradiciones rurales y su belleza natural.

Su Alteza Real, el archiduque Luis Salvador von Habsburg-Lothringen era el tercer hijo de Leopoldo II, gran duque de Toscana y de María Antonieta de Borbón, hija

PÁGINA OPUESTA: *Detalle de una arquilla italiana del siglo XVII en el salón de S'Estaca.*

Vista de Miramar.

PÁGINA OPUESTA: *Detalle del templete en mármol de Carrara en Son Marroig construido por el archiduque Luis Salvador.*

de Francisco I, rey de Sicilia y Nápoles. Nació en el Palazzo Pitti en Florencia el 5 de agosto de 1847. Hay poca información acerca de sus años juveniles en Florencia salvo que, como él mismo escribiría muchos años después, recibió una educación inusitadamente libre; pasaba la mayor parte del tiempo encaramado sobre un árbol del jardín rodeado de monos, con los que compartía sus alimentos. En el año 1859, cuando el ímpetu revolucionario en contra de los austríacos adquirió fuerza en Florencia, Luis Salvador y su familia se vieron obligados a abandonar la ciudad, y con ésta su trono y sus bienes. La vida como expatriado de Luis Salvador acababa de comenzar.

Desembarcó en Mallorca a bordo de la nave 'Jaime II' un cálido día del verano de 1867. Apenas había cumplido los veinte años y, a decir de todos, ansiaba explorar el mundo exterior a la corte vienesa. Su objetivo oficial consistía en realizar una investigación extensa de las islas Baleares, una empresa cuyo resultado final fueron los múltiples volúmenes de *Die Balearen*. Según Bartomeu Ferrá, su biógrafo, que lo describe de un modo entretenido pero ligeramente idealizado, este primer viaje a las islas Baleares había sido un intento de curar las heridas provocadas por la muerte repentina de una mujer con la que estaba a punto de casarse. En palabras de Ferrá, el joven que había llegado a Palma aquel verano no era un 'príncipe adolescente, alegre y aventurero' sino que por el contrario, mostraba indicios de ser 'un alma atormentada que había sido desarraigada por una tormenta trágica y que flotaba como un náufrago a lo largo de las costas de las Baleares'.

Sean cuales fueran sus intenciones originales, apenas pisó Mallorca Luis Salvador se enamoró de su belleza salvaje y natural. Sus primeras impresiones, que quedaron

PÁGINAS SIGUIENTES: *Cocina de los labradores* (pagesos), *en Son Gallard, casa situada entre Deiá y Valldemossa.*

Austera capilla de Son Ferrandell, bajo una bóveda del siglo XVI.

Capilla de Son Gallard. El retablo barroco está dedicado a la santa mallorquina Catalina Thomás, que de niña vivió en esta possessió.

PÁGINA OPUESTA: *Antigua cocina de Son Ferrandell, con su singular forma redonda.*

Vista de la fachada de Son Gallard, Deiá.

registradas en *Die Balearen*, eran de un lugar de una belleza primitiva donde creía que el hombre vivía en armonía y casi sobrecogido por la naturaleza. 'Los mallorquines sienten un amor innato y están bien dispuestos con respecto a la vida rural, que deriva de tradiciones ancestrales. Este amor se manifiesta tanto en el deseo de adquirir nuevas tierras como de mejorar las que ya poseen...' escribió.

De todas las regiones de Mallorca que Luis Salvador había explorado durante su primera visita, la que más lo cautivó es la situada entre las aldeas de Valldemossa y Deiá. Su paisaje montañoso y árido cubierto de viejos olivos y algarrobos y una maravillosa variedad de arbustos silvestres se complementaba hacia el noroeste con unas vistas extraordinarias del mar. Y en aquel entonces, al igual que en el presente, la rudeza arcáica de la tierra estaba ligeramente aliviada por la laboriosidad con la que habían sido construidas las terrazas cultivadas que cubrían las laderas de las montañas y los acantilados, subiendo desde el nivel del mar.

'Qué tiene Deiá que afecta tan poderosamente el corazón?' se preguntó Robert Graves varias décadas más adelante. 'Lo recuerdo como un lugar espectacular pero no verdaderamente hermoso. Allí nunca había sucedido nada importante, y no había ninguna razón para suponer que sucedería', prosiguió Graves. La respuesta que halló es más visionaria y poética que objetiva, pero no cabe duda que hubiera estado de acuerdo con la propia naturaleza romántica de Luis Salvador. Graves cree

> 'en el poder del influjo extraño y alucinatorio que Deiá ejerce sobre los visitantes foráneos . . . Esta alucinación podría tener alguna relación con la luna. Se dice que la iglesia está construida encima del altar ibérico dedicado a la diosa de la luna, y yo estoy dispuesto a jurar que en Deiá, la luz de la luna es más intensa que en cualquier otro lugar de Europa: incluso se pueden distinguir los colores. Y la luz de la luna tiene fama de alterar los sentidos'.

Después de algunos meses en Mallorca, según algunos de sus biógrafos, Luis Salvador decidió dedicarse a proteger su belleza natural. Sentía un amor particular por los antiguos olivos que caracterizan gran parte del paisaje de la isla que, como lo ha descrito Robert Graves, es único:

> '. . . Y los olivos no pertenecían a esa variedad educada, frondosa y majestuosa hallada en Italia, Francia y California: eran esperpentos retorcidos, tachonados y tajeados que solían crecer desde grietas en las rocas vivas, jamás regados, jamás abonados . . . una vez al año araban la tierra que los rodeaba con un primitivo arado de mulas y cada siete años talaban sus ramas más grandes. Eran casi indestructibles: muchos habían sido plantados por los moros hacía más de setecientos años. Los aldeanos solían decir: 'mima un olivo y estropearías el fruto . . .'

Lo que finalmente condujo a Luis Salvador a comprar la mayoría de sus propiedades fue su deseo de salvar algunos de estos árboles antiguos de la tala. En su libro *Les Iles Oubliées* (1893), Gaston Vuillier describe que al oír que el dueño de una hacienda cercana quería cortar un árbol antiguo, el archiduque decidió impulsivamente adquirir toda la propiedad por un valor superior al real. El rumor de esta adquisición se difundió y, después de algunos días, todos los campesinos de la zona comenzaron a cortar árboles antiguos con la esperanza de llamar su atención. 'El archiduque ya no podía abrir sus ventanas por las mañanas sin oír cómo las hachas golpeaban los árboles,' escribió Vuillier. Finalmente, para acabar con el suplicio, Luis Salvador terminó comprando la mayor parte de las tierras costeras.

A un nivel más práctico, el archiduque se había sentido atraído por las posibilidades agrícolas ofrecidas por esta región, es decir, la producción de vino y aceite. Las tierras que rodean Deiá y Valldemossa siempre han sido consideradas una de las zonas más productivas y fértiles de la isla. Colin Campbell, que en 1716 redactó lo que tal vez fuera la primera guía de Mallorca, describe la región:

PÁGINA OPUESTA: *Detalle del patio de Son Moragues.*

'. . . Deiá es un lugar que pertenece a Valldemossa, una ciudad que posee una gran variedad de frutos tempranos y tardíos, además de abundante aceite y seda. Aquí el aire es extremadamente puro. Todos los valles, colinas y bosques están cubiertos por hermosas arboledas que proporcionan una sombra agradable . . . Deiá consiste en casas de campo separadas entre sí. Las múltiples fuentes, arboledas y árboles frutales contribuyen en gran medida a lo agradable del lugar. La iglesia se encuentra en el medio de la planicie, encima de una pequeña colina . . .'

Las muchas obras escritas por el archiduque sobre Mallorca están llenas de consideraciones históricas y científicas, además de descripciones de sus propias tierras y el modo en el que estaban cultivadas. Sin embargo, lo más revelador de los libros son las fotografías: los hombres y las mujeres que recogen uvas bajo el sol en S'Estaca y los niños, que juegan encima de carros o en los olivares; las personas más ancianas que descansan y disfrutan del sol delante de Son Moragues. Este era un universo de actividad laboriosa y tradiciones rurales que el archiduque deseaba compartir.

Entre los años 1872 y 1901, Luis Salvador compró un gran número de propiedades y granjas más pequeñas de la región. Al final de su vida, las tierras que poseía en Mallorca sumaban unas 1700 hectáreas. Cien de éstas fueron adquiridas a unos cincuenta propietarios; el archiduque unió estas parcelas, muchas de las cuales poseían sus propias casas individuales y creó una propiedad unificada. En total, compró alrededor de un tercio de las pequeñas parcelas de tierra y granjas cercanas a la aldea de Valldemossa, más del cuarenta por ciento de las mayores y casi la mitad de las grandes propiedades en la región de Deiá. Creó un equilibrio completamente nuevo en cuanto a la distribución de las tierras de la región.

Cada vez apreciaría más la orgullosa sencillez de las tradiciones rurales de la isla y su gente. Estaba especialmente impresionado por la falta de barreras sociales entre las clases con las que entró en contacto. Aunque no tomaba parte, como tal vez se esperaba,

Detalle de la gruta de Son Ferrandell, en Valldemossa.

Detalle de un retablo italiano en S'Estaca, finales del siglo XVII.

de los rituales sociales de la aristocracia isleña y prefería pasar el tiempo en compañía de gentes sencillas como Catalina Homar y su secretario personal Antoni Vives, no dejaba de estar impresionado por la facilidad con la que las clases altas se comunicaban con los que trabajaban para ellos, especialmente en el campo. En su libro sobre Catalina Homar, publicado en 1905, el archiduque tomaba nota de las conversaciones amistosas y el sentido de la camaradería que unía a los *senyors* o terratenientes con los así llamados *pagesos*, los que trabajaban la tierra. Él creía que la vida rural era el puntal de la civilización mallorquina. La arquitectura de las *possessions*, en las que el terrateniente y los labradores vivían debajo del mismo techo en una especie de aislamiento autoimpuesto, era el símbolo de esta civilización y explicaba en gran parte la unión característica existente entre las clases.

Las costumbres rurales fascinaron al archiduque hasta un punto tal que se convirtió en un coleccionista ávido de antiguas herramientas de labranza. También llenó sus casas con muchos muebles tradicionales mallorquines, en especial los que encontraba en

PÁGINA OPUESTA: *La magnífica logia construida por el archiduque Luis Salvador en 1870.*

las antiguas casas rurales. Al dar importancia a la artesanía isleña, había intentado conservar estas antiguas tradiciones de la expansión industrial en aumento que ya había invadido otras partes de Europa. Jugó un papel activo en cuanto a la vida y el bienestar de los isleños. Sus tradiciones folclóricas le resultaban particularmente atractivas y una de las razones que le había inducido a comprar Miramar era el deseo de restaurar la antigua capilla de la Santísima Trinidad, que en el pasado había sido utilizada como lugar de culto por los habitantes locales.

Luis Salvador también sintió la necesidad de compartir su visión de Mallorca con otros extranjeros. Sabía que una de las maneras en las que podría ayudar a salvar este paraíso terrenal consistía en establecer Mallorca en el mapa turístico internacional. La primera vez que había pisado la isla apenas había hoteles que pudieran cumplimentar las necesidades de los turistas con comodidad. Para compensar esta ausencia, y para proporcionar un incentivo a aquellos lo bastante aventureros como para abrirse paso hasta las regiones remotas del norte de Palma, el archiduque montó lo que se conocería como la 'Hospedería de Madó Pilla', el nombre de la mujer que se encargaba de aquélla.

Esta hostería espartana pero acogedora, ubicada en la costa en las cercanías de Miramar, era la única residencia existente para aquellos que deseaban visitar el norte de la isla. Cualquiera que lo deseara podía comer y dormir en la 'Hospedería' durante tres días completos a expensas del archiduque. Según los viajeros que se hospedaron allí, como Gaston Vuillier y el viajero británico Charles Wood, que más adelante publicaría un entretenido volumen titulado *Letters from Mallorca* (1888), la Hospedería tenía el encanto romántico de una antigua posada. En 1876, poco después de su inauguración, la Hospedería de Miramar albergaba hasta cien visitantes por semana.

Pensando en el turismo, Luis Salvador redactó un exquisito libro guía de las cosas más hermosas para ver dentro y en los alrededores de Miramar. Este libro se divide en seis itinerarios encantadores cuyo fin es el de ayudar al turista más aventurero a explorar las antiguas ruinas, tales como la capilla de la Santísima Trinidad o el antiguo claustro, además de algunos de los espectaculares paisajes de la región. Muchos de los famosos belvederes, que él mismo había diseñado y construido, también estaban abiertos al público.

Al margen de la agricultura y el turismo, el archiduque también estaba fascinado por los orígenes árabes de Mallorca. Al igual que muchos intelectuales *fin de siècle* y europeos sofisticados, sentía fascinación por la cultura y las influencias islámicas en Europa, muchas de las cuales aún eran visibles en Mallorca. Le parecía que algunos aspectos de la vida cotidiana de los mallorquines habían conservado ciertas características de la cultura árabe. En muchos de sus libros, el archiduque exploró estas raíces árabes. Llegó a la conclusión de que la cultura mallorquina, compleja y de varios estratos, era el resultado de esta mezcla peculiar entre las civilizaciones europea e islámica.

Su interés por estos aspectos de la cultura mallorquina se manifestaron en la arquitectura y la decoración de algunos de los edificios de su propiedad. La pequeña capilla de Puig del Verger, por ejemplo, es una mezcla de la decoración *koubba* árabe y la cristiana; de un modo similar, el belvedere de Puig de Sa Moneda es una imitación de los minaretes de la mezquita de Kairouan. S'Estaca, íntegramente diseñada por el archiduque, es una versión estilizada del siglo XIX de la arquitectura tradicional islámica, mientras que el estarcido geométrico que cubre las paredes de la casa en Miramar recuerda antiguos dibujos árabes. El hecho de que en el siglo XIII Miramar hubiera sido la residencia de Raimon Llull, un islamista célebre que había fundado allí una famosa escuela de idiomas orientales, debió de haber jugado un papel en cuanto a convencerlo de comprarla y restaurarla.

Luis Salvador murió en octubre del año 1915 a la edad de sesenta y ocho años en su castillo de Brandais, en Bohemia. Lo que dejó fue una propiedad con hermosas casas y tierras y una historia de relaciones excéntricas y a veces ambiguas. El beneficiario principal de sus vasta fortuna, incluyendo el castillo de Brandais en Bohemia, fue su secretario y amigo de toda la vida (algunos sostienen que amante) Antoni Vives. Casi no dejó nada a

PÁGINA OPUESTA: *El archiduque Luis Salvador reconstruyó Miramar en torno a 1884, incorporando estos singulares esgrafiados.*

sus propios parientes. Aunque tanto antes como después de su muerte algunos mallorquines han sostenido ser los hijos 'naturales' del archiduque, finalmente las propiedades fueron divididas sólo entre los hijos de Vives y sus descendientes. Poco después se cerró la 'Hospedería' y se dejaron de celebrar las fiestas y banquetes tradicionales de Miramar. Su visión generosa y abierta de una propiedad privada que fuera accesible a aquellos que deseaban aprender alguna cosa o sencillamente disfrutar de su belleza al parecer murió con él. Algunas de las propiedades, como S'Estaca y Son Gallard, han sido posteriormente compradas y restauradas. Otras han sido abandonadas y algunas, como Son Marroig, se convirtieron en museos.

Algunas de las amadas propiedades del archiduque, en particular Son Gallard y Son Ferrandell, exhiben características típicas de la arquitectura rural mallorquina. La sencillez y la armonía rural que tanto le atraian han permanecido virtualmente intactas. Otras propiedades, como Son Moragues, Son Marroig, Miramar y S'Estaca, reflejan con mayor claridad su sentido estético y su compromiso personal con las tradiciones arquitectónicas y agrícolas de la isla. Por consiguiente, cada una es una combinación única de lo antiguo y lo moderno.

Miramar

Como su nombre sugiere, Miramar es algo más que una casa; sencillamente, es un modo de vida y un lugar desde el cual contemplar la belleza circundante. En *Die Balearen*, el archiduque manifestó que Miramar representaba un conjunto de alrededor de una docena de propiedades, o más, situadas en la llamada 'Serra de Tramontana', a lo largo de la costa noroeste de la isla. Desde que las compró han formado una única propiedad con algunas casas y una bella iglesia medieval, que en parte se remonta al siglo XIII. Una serie de caminos conducen a través de los bosques hasta los miradores diseñados y construidos por el archiduque. Entre algunos de los ejemplos más espectaculares de la belleza natural de Mallorca se encuentran los acantilados rocosos, con olivos, y sobre los cuales crecen espontáneamente gran variedad de flores y arbustos.

El *genius loci* de Miramar ha sido descrito de un modo vívido por George Sand. Un día, cuando se alojaba en el monasterio de los Cartujos en la aldea cercana de Valldemossa, había decidido ir de excursión a visitarlo junto con Chopin y sus dos hijos. Iban en busca de aventuras y querían echar un vistazo al ermitaño que vivía en Miramar y disfrutar del paisaje marítimo. Esto es lo que encontraron:

> Recorrimos el brazo derecho de la sierra, trepando de colina en colina, a lo largo de un sendero rocoso que nos lastimaba los pies, hasta que alcanzamos la costa septentrional. En cada recodo del sendero veíamos el mar extendido en todo su esplendor, muy por debajo de nosotros, además de una hermosa franja de vegetación entre nosotros y aquél. Nunca había visto costas fértiles, vestidas de árboles y arbustos hasta la primera ola, en lugar de los habituales acantilados blancos, las marismas deprimentes o las playas cenagosas . . . Sólo en Mallorca llegué finalmente a ver el mar de mis sueños, claro y azul como el cielo, como una planicie de color zafiro cuidadosamente arada en surcos suavemente ondulantes que, si los observas desde una cierta altura, parecen bastante inmóviles y enmarcados por bosques verde oscuros. Cada paso a lo largo del ondulante sendero montañoso nos ofrecía un panorama nuevo, cada uno más soberbio que el anterior.

La comparación entre la arquitectura de la casa del archiduque en Miramar y el paisaje sublime descrito por Sand resulta decepcionante. Comparada con otras casas rurales de la isla, la estructura (que él dejó virtualmente intacta) es de una sencillez poco llamativa.

SINE NUBE PLACET

ARRIBA: *En el jardín de Miramar se encuentra parte del claustro del monasterio de Santa Margarita en Palma, un regalo de Don Miguel Peña, archivero de la Catedral, al archiduque.*

IZQUIERDA: *Decoración de la fachada de Miramar, 1884.*

Es un edificio pequeño, de dos plantas, parecido a una caja. Su interés principal, al margen de la situación y las vistas, consiste en la decoración pintada de los muros exteriores. Estos fueron realizados según dibujos propios del archiduque; se trata de una serie de dibujos geométricos marrones y blancos estarcidos encima de la superficie de los muros. El escritor Gaston Vuillier, que pasó cierto tiempo en Miramar trabajando en su libro, escribió que el atractivo principal de la casa consistía en su espléndida ubicación y en el hecho de que cada ventana ofrecía a una vista espectacular. Añadió que 'su aspecto es sencillo pero evoca memorias de grandiosidad'.

En efecto, la historia de Miramar es extraordinariamente grandiosa. Comienza en 1276 cuando Raimon Llull, el místico cristiano, filósofo y estudioso, fundó el primer monasterio cristiano de Mallorca en este lugar. Con la ayuda y el patronazgo del rey Jaime II, creó también la primera escuela europea de idiomas orientales. Se supone que

PÁGINA OPUESTA: *La capilla de la Trinidad en Miramar.*

PÁGINA OPUESTA: *Entrada de Son Marroig, con arcos de piedra de Marés.*

la capilla, o al menos parte de ésta, fue construida durante esta época. Después de la partida de Llull (que pasó muchos años predicando el Evangelio en todo el mundo, en especial en el norte de África) Miramar se convirtió en un monasterio cisterciense antes de ser abandonado por completo. Sólo la capilla conservó su función original durante algún tiempo más, ya que los lugareños solían reunirse allí para asistir a servicios religiosos durante muchos siglos. Con el paso del tiempo, Miramar sufrió un abandono cada vez mayor y una serie de ermitaños se apropiaron de éste como un refugio pacífico y aislado. Uno de los episodios más importantes que suelen asociarse con este lugar, acaecidos después de la muerte de Llull, fue el establecimiento de una imprenta en 1480.

Más adelante, Miramar pasó de mano en mano, pero su antigua belleza nunca fue restaurada. Entre los numerosos ermitaños y religiosos que pasaron una parte de su vida en Miramar, retirados y dedicados a la oración, uno de los más notables fue Antonio de Castañeda quien, después de una vida como capitán de las tropas de Carlos V, tomó la decisión de dedicarse a la vida retirada. Se cree que fue el primer padre espiritual de Catalina Tomás, la célebre santa mallorquina.

La primera visita del archiduque a Miramar ocurrió en el año 1872. En su libro *Lo que sé de Miramar*, publicado por primera vez en Mallorca en 1911, narra su historia y también sus propias experiencias en aquel sitio. Según sus memorias, la primera visita a Miramar había ocurrido de un modo casual durante un día lluvioso, cuando había pocos alicientes. En lugar de permanecer en el interior decidió, junto a un amigo, dar un paseo. Aunque la mayoría de los edificios de Miramar estaban en estado ruinoso, más adelante el archiduque sostuvo que quiso adquirir esta propiedad apenas la vió. Todo lo que quedaba de la antigua iglesia era una capilla lateral. De un modo similar, lo único que quedaba del antiguo claustro creado por Llull en la época en la que había sido un monasterio franciscano eran algunas columnas rotas. El torreón defensivo, parte del cual había caído, también se remontaba al siglo XIII.

El archiduque transformó la casa, la iglesia, la capilla e incluso las tierras de Miramar y proporcionó una nueva vida al lugar. Después de haber restaurado el interior y construir un pequeño claustro semicircular delante de la iglesia para crear una terraza, gentes de toda la isla solían reunirse aquí durante los días festivos para ir a misa y escuchar el sermón. Una de las metas del archiduque era restaurar el papel de la antigua capilla de la Santa Trinidad como lugar de oración. En una carta escrita a su madre en marzo de 1872, escribió que había comprado Miramar para poder 'restituir el culto en la antigua capilla de Trinidad... Todos los días, acuden personas para hacer ofrendas a la Santísima Trinidad'... Todos los domingos acudía un sacerdote para celebrar la misa, algo que hacía más de veinte años que no ocurría a causa del estado ruinoso de la capilla. Luis Salvador llegó a crear un altar exterior de manera que durante las festividades especiales, cuando había mucho público, la misa pudiera celebrarse en el exterior 'y la palabra de Dios pudiera ser escuchada bajo el cielo abierto como antaño'.

Casi un año después de que el archiduque comprara Miramar y comenzara su restauración, tuvo lugar la ceremonia de la inauguración de la nueva capilla, el 30 de junio de 1873, y el *Diario de Palma*, el periódico local, describió las celebraciones con palabras de elogio y gratitud para con su benefactor. Después de la misa, todos fueron invitados a un banquete y por la noche se celebró un baile. Desde aquel día, la celebración tuvo lugar anualmente en vida del archiduque, y se convirtió en un acontecimiento muy popular de la isla. Al margen de las festividades, el archiduque intentó conservar la sencillez original del lugar, en honor a su historia como sitio de retiro espiritual. Como señalaría Gaston Vuillier correctamente, 'Miramar no ofrece el esplendor artístico de las mansiones principescas. El único lujo que se exhibe en su interior es la colección de objetos rurales tradicionales del país'.

Miramar fue el punto de partida de la vida del archiduque como expatriado en Mallorca. Aunque más adelante compró la mayor parte de las tierras hermosas de la zona, además de diversas casas y *posadas* (casas urbanas en aldeas cercanas), a lo largo de su vida Miramar siguió siendo un recuerdo pertinente de su sueño ambicioso, que

consistía en cercar algo de este paraíso terrenal y traspasarlo a las generaciones futuras para su goce y su comprensión.

Son Marroig

Entre todas las casas y propiedades que el archiduque poseía en Mallorca, aquella en la que se sentía más a gusto era Son Marroig. Comparada con la sencillez espartana de Miramar y las dimensiones incómodas de S'Estaca, Son Marroig tiene un aspecto particularmente monumental. Aunque el archiduque la había comprado a finales de 1860, poco después de su llegada a Mallorca, sólo se instaló de un modo más permanente a partir de 1880. En diversos escritos ha manifestado que Son Marroig era uno de los lugares más hermosos del mundo y que tenía el poder de hacer vibrar las cuerdas más profundas de su corazón. Situada a unos trescientos metros encima del nivel del mar, ofrece una de las vistas más espectaculares de esta costa. Muchas de las puertas y ventanas de Son Marroig dan a un magnífico paisaje de mar y rocas. A un lado se encuentra el promontorio de Sa Foradada, que caracteriza esta parte de la costa con sus rocas de color rojo que se introducen en el mar.

La torre defensiva del siglo XVI que pertenece a esta *possessió* es un testigo del temor que los isleños sentían frente a ataques de piratas, y el mismísimo archiduque se sentía intrigado por las múltiples leyendas acerca de piratas que seguían sobreviviendo en la región. 'Fue en Son Marroig donde tuvo lugar el último rapto de una mujer,' escribió. 'Era una dama noble que pertenecía a la familia Marroig de Sóller. Después del rapto, nunca más se volvió a saber nada de ella. Parece que el recuerdo de aquellos tiempos aún estuviera grabado en los muros de esta torre'... La sensación de miedo que dictó el estilo arquitectónico de estos edificios está subrayado por las piedras sin adornos y la falta de decoración que las caracteriza.

Después de haber restaurado la torre y la *possessió*, Luis Salvador se dedicó a la creación de jardines que descendían con suavidad desde la casa hasta el mar. Había diversos senderos que conducían desde la casa hasta unos miradores. Uno de los más espectaculares es el templo de estilo clásico, que él diseñó y construyó enteramente con un precioso mármol de Carrara. Su intención fue rendir un tributo al paisaje pagano y mítico de Mallorca.

Son Marroig era el hogar del secretario personal del archiduque, Antoni Vives, y de su prolífica familia. Ha habido muchas especulaciones acerca de la naturaleza de la relación entre Luis Salvador y su secretario, en especial después de que empezaran a vivir juntos. Los rumores no cesaron aún después de que Vives se casara con una aristócrata veneciana; tuvo varios hijos, a todos ellos les pusieron el nombre del archiduque, que había sido el que arregló el matrimonio. Después de su muerte, la familia Vives heredó Son Marroig y finalmente llegó a manos de Antoni Ribas, que se había casado con una de las hijas de Vives. Ribas hizo algunos añadidos estructurales y modificó el jardín. En la actualidad, una de las habitaciones de Son Marroig ha sido convertida en un pequeño museo, en el que diversos muebles tradicionales mallorquines han sido dispuestos junto a la excelente colección de cerámica de Luis Salvador.

S'Estaca

Colgada en las alturas, por encima de las olas, más o menos a medio camino en la ladera de un alcantilado barrido por el viento cerca de Miramar y rodeado de altas palmeras y pinos, S'Estaca surge como una aparición de un exótico cuento de hadas. Su estilo inusual, con sus diminutas dimensiones tipo casa de muñecas, sus paredes encaladas y sus

almenas de arabescos, ha sido descrito a menudo como 'siciliano' en su mezcla de estilos mediterráneos tradicionales. S'Estaca es el único edificio independiente y habitable que Luis Salvador concibió y edificó totalmente.

Aunque hasta cierto punto podría parecer un capricho arquitectónico, S'Estaca nació como fruto de la necesidad. Fue un intento de crear una oficina central para las tierras que había comprado, que antes habían pertenecido a muchos propietarios diferentes. Aunque cada establecimiento individual poseía su propia casita, éstas estaban en muy malas condiciones y ninguna tenía el tamaño o la presencia suficiente para proporcionar una sensación de unidad a toda la propiedad. 'Las que estaban en mejores condiciones,' escribió el archiduque, 'fueron reparadas y utilizadas como establos o refugios para los trabajadores cuando llovía.'

S'Estaca, construida en 1878, no fue planeada como una casa para vivir en ella. Su

Vista panorámica de Son Marroig, casa medieval fortificada, reformada a fines del siglo XIX por el archiduque Luis Salvador quien la dotó de esta espléndida logia.

PÁGINA OPUESTA: *Vista de la terraza de S'Estaca.*

tamaño relativamente pequeño, junto al hecho de que (a diferencia de la mayoría de las casas mallorquinas) está expuesta al rigor de los elementos de la naturaleza, indica que Luis Salvador tenía la intención de que sirviera de refugio provisional o de lugar de encuentro para los campesinos que trabajaban para él. De hecho, esta propiedad fue uno de los intentos más exitosos del archiduque de cultivar la tierra y producir su propio vino. En su homenaje escrito dedicado a Catalina Homar, su antigua amante, que vivió en S'Estaca durante una parte de su vida (donde finalmente murió), Luis Salvador describe las actividades de la finca con orgullo y entusiasmo. Catalina Homar supervisaba a los trabajadores de los viñedos en nombre del archiduque y 'solía redoblar sus esfuerzos' durante los meses de verano anteriores a la cosecha, con el fin de que los vinos recibieran premios en las ferias de Chicago y París. Luis Salvador describe los procedimientos bastante complejos para la elaboración del vino y la necesidad de comprar barriles nuevos en los que almacenar la producción cada vez mayor. Durante muchos años, S'Estaca fue el lugar donde se celebraban festividades que tenían lugar al final de cada cosecha.

Sin embargo, S'Estaca también era el lugar por donde, para enfado del archiduque, los contrabandistas introducían sus mercaderías en la isla. La imagen del lugar ofrecida por Bartomeu Ferrá cuando el archiduque estaba ausente es el de un sitio de encuentro donde policías y contrabandistas, trabajadores y pescadores y muchos otros solían reunirse 'en alegre compañía alrededor de los barriles de aquel traicionero vino de moscatel que confundía las lenguas y paralizaba las piernas. Se dedicaban a tocar la guitarra y escanciar el vino...' No obstante, siempre que el archiduque estaba presente, 'reinaban el silencio y la paz más absolutos.'

Aunque recientemente S'Estaca ha sido adquirida y restaurada, y en las cercanías se han construido edificios nuevos, el original ha permanecido virtualmente intacto. El interior aún refleja sus funciones agrícolas primitivas. El espacio de la planta baja está dedicado casi totalmente al almacenamiento de los antiguos barriles en los que se conservaba el vino de moscatel. La escalera de piedra en el centro conduce a las habitaciones del primer piso, que se abren a ambos lados de la casa ofreciendo unas vistas impresionantes. Una de éstas estaba diseñada para albergar la capilla; todas son de concepción sencilla y su absoluta falta de decoración revela una vez más la finalidad práctica del edificio.

La piscina y el pabellón de S'Estaca.

Lápida en la entrada de S'Estaca, que el archiduque Luis Salvador dedicó a su amante Catalina Homar, que durante años vivió en esta finca.

Una placa en una de las habitaciones alude al romance que inunda la historia de S'Estaca. 'A la inextinguible memoria de Catalina Homar, que durante tantos años ha sido el alma de esta casa, en la que murió el 11 de abril de 1905'; la firma Luis Salvador. La aventura amorosa entre el archiduque y la joven campesina de Valldemosa siempre ha animado la imagimación de sus biógrafos y todos aquellos que conocían la historia. Incluso Bartomeu Ferrá, el devoto biógrafo del archiduque, no podía comprender cómo un hombre tan sofisticado y culto podía interesarse por 'esta campesina sin instrucción y de muy escasa belleza'. El pequeño volumen redactado por Luis Salvador en memoria de su amante fallecida, publicado en Praga en 1905, es el único firmado con su nombre y título completos, casi como si hubiera deseado destacar la relación controvertida que lo unía a esta mujer de origen humilde.

En el prólogo declara que su meta es narrar, por medio de un monumento de palabras, toda la bondad, el consuelo y el amor que había recibido de esta mujer durante muchos años. Escribió que las vidas de aquellas personas que, igual que ella, se dan con generosidad para hacer felices a otros, 'son como flores fragantes y solitarias que se plantan y se cultivan y que se abren para esparcir su perfume celestial por los alrededores'... Era un 'modelo de virtud, dulzura y lealtad'. También describe el episodio en el que la emperatriz Isabel de Austria, mejor conocida como 'Sissi', había ido en una oportunidad a S'Estaca donde conoció a Catalina. Catalina se sorprendió ante su figura delgada; todos los que conocieron a la emperatriz quedaban impresionados no por su posición elevada sino por su sonrisa dulce. Ambas mujeres conversaron como si se hubieran conocido durante toda la vida, y esto ocurría porque ambas eran igualmente compasivas. El sol alcanzó su cénit y el mar brillaba como si fuera de oro, rodeando a ambas con una aureola. Era igual que una transfiguración.

No resultó sorprendente que la prosa inflamada de este fragmento, que describe el encuentro como algo casi místico, no gustara en la corte después de la publicación del libro. El archiduque se vio obligado a retirarlo del mercado. En 1913, después de la muerte de Catalina, encargó a un artista italiano llamado Giulio Monteverde, que realizara una estatua de mármol que representase los sentimientos religiosos y humildes que asociaba con ella. Esta imagen de una mujer arrodillada en oración a los pies de una imagen de Jesús puede verse en los jardines de Son Moragues.

Son Moragues

La propiedad de Son Moragues es la mayor de todas las pertenecientes al archiduque en Mallorca. La sensación de espacio se refleja en la arquitectura monumental de esta *possessió* fortificada que domina el paisaje desde lo alto de un monte, y que está rodeada por todas partes de un bosque espeso. La estructura de Son Moragues, construida en 1797, es similar a las de muchas mansiones rurales de la isla; es un gran edificio en forma de cubo con un patio rectangular en el centro. En *Die Balearen* se la describe del modo siguiente: 'Este camino que conduce a Son Moragues se abre a un gran patio delante de la casa, que se asoma a un jardín gigantesco. La casa es espaciosa y forma un cuadrado con un patio central'.

La fachada es especialmente sencilla, tiene una gran entrada y siete ventanas simétricas. El único elemento aristocrático es el escudo de piedra de la familia encima de la entrada. La cara meridional de la *possessió*, en la que una escalinata doble conduce al primer piso, se asoma a un jardín repleto de plantas cerrado por muros elevados. A diferencia de Son Marroig, donde las paredes están construidas con piedras sin adornar, en Son Moragues han sido cubiertas por una espesa capa de yeso y se ha creado un efecto decorativo sencillo a través del uso de la *pedra brodada*: unos pequeños trozos de piedra introducidos en las paredes cubiertas de yeso.

Entre los múltiples proyectos del archiduque de crear incentivos para la conservación de la agricultura y las tradiciones rurales de la isla, estaba el de fundar un

PÁGINA OPUESTA: *Entrada de la parte antigua de S'Estaca, con el acceso a la bodega.*

A LA INOLVIDABLE
MEMORIA
DE
CATALINA HOMAR
QUE POR TANTOS AÑOS FUÉ
EL ALMA DE ESTA CASA
EN LA CUAL
EL 11 ABRIL 1905
PASABA A MEJOR VIDA
LUIS SALVADOR
PUSE
ROGANDO A LOS QUE VIENEN
QUE RECEN POR ELLA

ARRIBA: *Detalle del porche de entrada en S'Estaca.*

ARRIBA, A LA DERECHA: *Porche de entrada de S'Estaca.*

DERECHA: *El salón principal de S'Estaca.*

PÁGINA OPUESTA: *Detalle del patio de Son Moragues.*

PÁGINAS 194–195: *Son Moragues, en Valldemossa, una de las casas de* possessió *más grandes de Mallorca, debe su aspecto actual a una importante reforma de mediados del siglo XVII. Los Moragues — vieja familia de la aristocrácia de la isla – la poseían desde el siglo XV, y en 1883 la vendieron al archiduque Luis Salvador.*

Detalle del salón de Son Moragues, Valldemossa.

ARRIBA, A LA DERECHA: *Patio de Son Moragues, del siglo XVII.*

ABAJO: *Escultura en el jardín de Son Moragues, obra de Giulio Monteverde (1913), mandada erigir por el archiduque Luis Salvador en memoria de Catalina Homar, que fue su amante y falleció en 1905. Representa al Sagrado Corazón y a la propia Catalina.*

museo de agricultura en Son Moragues. A la luz del éxito internacional obtenido por el vino de S'Estaca y el aceite de oliva de Son Moragues, quiso crear un espacio en Mallorca donde las personas pudieran exhibir sus productos. Aunque el museo nunca se materializó, esta empresa estimuló la creación de un jardín botánico, en el que plantó todas los ejemplares de plantas silvestres mallorquinas que logró encontrar. El jardín está decorado con miradores y estatuas, incluyendo la que representa a Catalina Homar rezando.

El interior se Son Moragues, que ahora ha sido convertido en museo, está repleto de objetos, muebles y cuadros que pertenecieron al archiduque. A los lados del enorme hogar de madera de estilo barroco cuelgan algunas fotografías del archiduque y otros miembros de su familia, coronados por un águila imponente que evoca recuerdos imperiales.

Detalle del salón de Son Moragues, decorado por Luis Salvador, con fotos originales del mismo archiduque, de la emperatriz Sissi y del Emperador Francisco José.

· 5 ·

Viajeros con Destino a Mallorca

En Busca de lo Pintoresco

Aunque ya no formaba parte de uno de los imperios más poderosos del mundo, la Mallorca dieciochesca era el destino anhelado de una raza de viajeros nuevos muy diferentes: los turistas. Desde principios del siglo, los viajes como experiencia de aprendizaje, o sencillamente de placer, se habían convertido en un fenómeno de creciente popularidad. Turistas alemanes, franceses e ingleses solían viajar extensamente en grandes periplos por el sur de Europa, en particular por Italia, en busca de paisajes pintorescos y ruinas antiguas. Aunque en esa época Mallorca no era fácilmente accesible y, aún más importante, no estaba en absoluto equipada para albergar ni siquiera a pequeños grupos de turistas, seguía siendo un lugar potencialmente interesante para visitar. Tanto sus ciudades y su arquitectura como su folclore y sus sublimes paisajes contribuían en convertir a Mallorca en el sitio ideal para los viajeros románticos.

Uno de los pioneros fue Colin Campbell, que visitó la isla en 1716. Campbell redactó lo que probablemente fue la primera guía de la isla, repleta de descripciones líricas de las ciudades y los paisajes naturales. De hecho, el tono general de la obra es el del descubrimiento de un paraíso terrenal. Mallorca era un inmenso jardín, en el que 'las numerosas fuentes, los bosquecillos y los árboles frutales contribuyen en grado sumo a lo agradable del lugar.'

Esto, por supuesto, era sólo el comienzo. Diversos viajeros, en especial franceses e ingleses, visitaron la isla durante el siglo XVIII.

El más interesante de estos primitivos visitantes documentados es A. G. de Saint-Sauveur, que fue cónsul francés en las islas Baleares desde 1801 hasta 1806. Su libro, *Voyage dans les îles Baléares et Pithiuses*, que fue publicado por primera vez en 1807, es un relato fascinante de la situación social y económica de las islas en aquella época. Lo que más le había llamado la atención fueron las condiciones primitivas sufridas por los campesinos mallorquines. 'El granjero mallorquín,' escribió, 'es ignorante o en el mejor de los casos sabe poco de las mejoras en agricultura practicadas por los extranjeros'. También apuntó que, en general, las casas mallorquinas eran extremadamente sencillas y carecían de servicios modernos. Incluso los hogares eran escasos, y los pocos que existían habían sido introducidos por franceses. A pesar de estos inconvenientes, la imagen global es la de una belleza natural intacta.

Otro francés que al parecer experimentó una gran inspiración después de visitar Mallorca fue el artista J. B. Laurens, que describió su viaje en un libro célebre, *Souvenirs*

PÁGINA OPUESTA: *La Cartuja de Valldemossa. Jardín de una de las celdas.*

Torre del mirador del Puig de sa Moneda, en Son Ferrandell, construida por el archiduque a imitación de una torre de la gran mezquita de Kairouan en Tunisia.

d'un voyage à l'île de Majorque, publicado por primera vez en 1840. George Sand, que había leído su libro después de su propia visita en 1838, escribió que la obra literaria de Laurens es el relato de 'un viaje al corazón del Mediterráneo'. Su libro sigue siendo una guía inteligente e informada de los tesoros arquitectónicos y naturales de la isla. Tampoco cabe duda de que llamó la atención de muchos viajeros potenciales de toda Europa sobre la isla.

A finales del siglo XIX, Charles Wood, en *Letters from Majorca* (1888), ya describía la isla como 'una tierra donde la leche y la miel fluyen en abundancia'. A partir de entonces ha ocupado un lugar preciado en los corazones de muchas personas como la Perla del Mediterráneo o la Isla de la Calma.

Frédéric Chopin y George Sand

La baronesa Aurore Dudevant, escritora francesa alias George Sand, y el compositor Frédéric Chopin pasaron un invierno célebremente desastroso en Mallorca entre 1838 y 1839. Las numerosas cartas que escribieron a sus amigos y familia durante su estancia, además del amargo relato que George Sand hizo de ello en *Un hiver à Majorque*, nos proporcionan un relato fascinante e íntimo, aunque a veces ligeramente histérico, de la vida y costumbres de la isla, tal como las observaron estas dos personas excepcionales.

Ambos amantes se habían conocido en París dos años antes. George Sand, que en aquel entonces estaba casada con un noble francés, y que a los 32 años ya era la autora de novelas de éxito como *Léila*, *Indiana* y *Jaques*, era la mujer más célebre de Francia. Sus ideas políticas poco convencionales, basadas en un punto de vista roussoniano de libertad absoluta, y su estilo de vida deliberadamente amoral (pasaba de una relación adúltera a otra) le otorgaron el título, como Robert Graves diría con agudeza, de 'la reina sin coronar de los romanticos'. Frédéric Chopin, de veintiséis años de edad, ya había compuesto algunas de sus obras más importantes y se había abierto camino en muchos de los célebres salones parisinos gracias a su encanto, su apostura, su aspecto ligeramente de dandi y sus orígenes aristocráticos. A pesar de un primer encuentro más bien tibio, registrado en una carta muy citada de Chopin a su familia: …'y sin embargo, su rostro no me pareció en absoluto atractivo. Tiene algo que me produce rechazo…' la suya probablemente fue una de las historias de amor más famosas del siglo, y que también dejó su marca en la historia de Mallorca.

Su deseo de escapar de París y de todos los cotilleos que rodeban su escandalosa relación se sumó a una búsqueda igualmente intensa de aventuras románticas. Como escribió Robert Graves en su ensayo de los años cincuenta 'George Sand en Mallorca', su viaje resultó ser una confrontación personal entre el mundo clásico pre-revolucionario y el mundo del romaticismo pos-revolucionario. Era la época en la que, según escribiría Graves …'algunas figuras literarias de primera línea, la mayoría inadaptados sociales, habían dado la espalda a los jardines formales y los salones artificiales del siglo dieciocho para reverenciar la naturaleza salvaje, especialmente en remotas regiones montañosas, el aprovechamiento de terrores fantasmagóricos medievales y el auspicio de un cristianismo sencillo y no dogmático.'

A un nivel más práctico, Sand tenía ganas de ir a un lugar donde no hubiera esquelas que escribir, periódicos que leer y visitas a las cuales atender, y '…donde siempre pudiera llevar un salto de cama, donde cada día durase doce horas, donde pudiera deshacerme de los deberes de la conducta amable y apartarme del caos mental que nos atormenta a todos los franceses'. Por añadidura, Mallorca parecía una alternativa soleada y más aventurera al itinerario del gran periplo de aquellos años. En la década de 1830, Italia ya no era *de rigueur*. En *Un hiver à Majorque*, Sand escribió que las imágenes vívidas que ya tenía de Italia a través de pinturas, libros y muchos relatos evitarían que, una vez allí, pudiera apreciar completamente su 'belleza pastoral' y su 'encanto son-

Justo en frente a Son Marroig, se encuentra Sa Foradada, uno de los rincones más pintorescos de la costa mallorquina, donde el archiduque solía fondear con su barco Nixe.

riente'. Por otra parte, Mallorca aún no había sido tocada por las interpretaciones de otros ...'las personas, las casas, las plantas, los mismísimos guijarros de los caminos, no eran comparables a ningún otro lugar'. Esta singularidad se correspondía con una belleza histórica fascinante. ...'aquí todo es pintoresco, desde la choza del campesino que ha conservado el estilo árabe original hasta los últimos detalles de su aspecto, hasta el niño andrajoso triunfante en su "imponente suciedad"'... Incluso Chopin quedó impresionado por su belleza. En una carta dirigida a un amigo, después de algunas quejas acerca de las dificultades prácticas con las que se había encontrado en la isla, el compositor prosiguió escribiendo que ...'pero aquello es un mero grano de arena comparado con el cielo, el encanto poético de todo y los colores vívidos de este paisaje. Es uno de los más bellos del mundo'.

Mallorca resultó ser un hueso más duro de roer de lo que ellos habían previsto. Era prácticamente imposible hallar un alojamiento cómodo, y los pocos disponibles no poseían, para la sorpresa espantada de Chopin y Sand, ni puertas, ni cerraduras ni cristales en las ventanas. Los hoteles eran prácticamente inexistentes. Sand ofrece su propia explicación sarcástica acerca de por qué les resulataba tan difícil encontrar un alojamiento adecuado: ...'Palma está diseñada para alojar sólo a cierto número de habitantes; a medida que la población aumenta, se apiñan un poco más'.

Todas estas circunstancias aumentaban las dificultades de Chopin para adaptarse a su entorno espartano, a la comida de la isla y a los ataques de su enfermedad, lo que hizo que todo el viaje pareciera, como relata Sand 'un fiasco terrible.' Finalmente, los dos amantes hallaron alojamiento para ellos y los niños de Sand en Son Vent, una casa rural cerca de la ciudad de Establiments, que al menos estaba 'bien dispuesta y muy agradablemente situada entre las fértiles estribaciones de las montañas'. Desafortunadamente, el paraíso se acabó cuando comenzaron las lluvias. Chopin, que sufría de

PÁGINA OPUESTA: *Vista panorámica desde la logia de Son Marroig.*

tuberculosis desde hacía algún tiempo, terminó por desmoronarse y empezó a escupir sangre. Existe una carta conmovedora que Chopin escribió a un amigo desde Son Vent en la que describe su suplicio:

> . . . 'hace tres semanas que estoy muy enfermo, a pesar de los 18°C, a pesar de las rosas, los naranjos, las palmeras y las higueras en flor. He cogido un fuerte resfriado. Los tres médicos más famosos de la isla se reunieron en una consulta. Uno escudriñó lo que había expectorado, el segundo auscultó los órganos de la expectoración, el tercero escuchó mientras yo volvía a expectorar. El primero dijo que moriría, el segundo que me estaba muriendo y el tercero dijo que ya había muerto . . .'

En esa época, la tuberculosis seguía siendo una enfermedad incurable y era comprensible que los mallorquines estuvieran aterrados. El propietario de Son Vent echó a sus inquilinos, quemó toda la ropa blanca y algunos muebles. También contaba con que ellos pagarían los daños.

El grupo pasó el resto de su estancia en Mallorca en tres habitaciones que habían alquilado en un antiguo monasterio cartujo junto a la aldea de Valldemossa, en las montañas en la zona septentrional de la isla. Este escenario poseía, para Sand y Chopin, el encanto de un 'glamour romántico'. Aquí se hallaba el verdadero pintoresquismo: un enorme monasterio semiabandonado y derruido que se asomaba a un paisaje montañoso sublime. Una carta escrita por Chopin en la que describe la Cartuja evoca su atractivo:

> . . . '¿Puedes imaginarme aquí entre el mar y las montañas, en una gran cartuja abandonada, en una celda con puertas tan anchas como las de una cochera parisina? Imagíname sin guantes blancos, sin los cabellos rizados, pero tan pálido como de costumbre. Mi celda se parece a una cueva enorme, las bóvedas están cubiertas de polvo, su pequeña ventana se asoma a un panorama de naranjos, palmeras y cipreses. Debajo de la ventana, en un nicho morisco, está mi cama. Las obras de Bach, mis manuscritos, notas y papeles misceláneos son mis únicos bienes en este mundo. Una calma absoluta . . . se podría gritar a voz en cuello y nadie te oiría. Resumiendo, te escribo desde un lugar bastante extraño . . .'.

La descripción que hace George Sand de los mallorquines está amargada por la relación difícil que mantenía con los lugareños, que la consideraban una inmoral:

> . . . 'Hubiéramos vivido en buenas relaciones con esta gente respetable si hubiéramos hecho acto de presencia en la iglesia. Esto no hubiera evitado que nos cobrasen un rescate con cualquier excusa imaginable, pero al menos hubiéramos podido atravesar sus campos sin arriesgarnos a que una piedra nos golpeara en la cabeza al pasar junto a una mata. Sin embargo, al principio no se nos ocurrió esta medida de precaución y casi hasta el final de nuestra estancia no caímos en la cuenta de hasta qué punto nuestro modo de vida les resultaba chocante'.

Durante los pocos meses que permanecieron allí, tanto la autora como el compositor trabajaron duro. Sand solía pasar el día dedicada a la enseñanza de sus hijos y a la escritura. La atmósfera morbosa del monasterio parece haber inspirado la redacción de *Spiridion*. Chopin estaba concentrado en tocar el piano y compuso algunos de sus mejores preludios y mazurcas. Muchos años después Liszt, en quien Chopin confiaba, escribió que:

PÁGINAS 204–205: *Biblioteca del siglo XVIII en la celda prioral de la Cartuja.*

> . . . 'todos los rayos de felicidad hace tiempo desparramados estaban concentrados en esta fase de su vida . . . Los recuerdos de los días transcurridos en la hermosa isla de Mallorca, como los de un éxtasis fascinante que el destino sólo otorga una vez en

Pouget Catech T. 1
Pouget Catechis T. 2
Pouget Catechis T. 3
Pouget Catechis T. 4
Pouget Catechism T. 7
Pouget Cathesis T. 8
Clavii Euclidis Elementorum
MARTINEZ Libreria DE Jueces 1.
Libreria de Jueces 3.
Sales Padre Liberito
LA VOZ del Pastor
Cicero en Romans
AMAT. BIBLIA SAGRADA
AMAT. HISTORIA ECLESIASTICA

Pouget Catechi T. 11
Pouget Catech T. 12
Pouget Catech T. 13
Pouget Catech T. 14
La Raga
Manual de Meditaciones
Historia del Pueblo de Dios
Arte de Instruir las Almas
La Voz del Pastor
Crosquet Catecheses Christianae
Ximenez

ARRIBA: *Típica casa señorial en la parte baja de Deiá.*

La fuente en el jardín de la "Celda de Chopin", en la Cartuja.

la vida incluso a sus hijos más predilectos, permanecieron caros al corazón de Chopin a perpetuidad. Siempre habló de este período con profunda emoción, profunda gratitud, como si las alegrías hubieran sido suficientes para toda una vida, y sin abrigar la esperanza de volver a encontrar una felicidad igual, en la que el paso del tiempo sólo estaba marcado por la ternura de la vida de una mujer y los relámpagos brillantes de la auténtica genialidad'.

En la actualidad, la Cartuja está abierta al público. Resulta fascinante pasear por el jardín repleto de plantas dentro del claustro y asombrarse ante la inmensidad vacía del lugar. Las cajas pintadas y las colecciones de hierbas medicinales de la antigua farmacia son ejemplos interesantes de las artes y los oficios dieciochescos. Las habitaciones que Chopin y Sand ocuparon también están abiertas al público y, a pesar de la furia mordaz e insensata que Sand había manifestado frente a los mallorquines, la casa se ha convertido en un homenaje público al invierno que los célebres amantes pasaron en Mallorca. Hay una colección de objetos interesante pero un tanto dudosa, que incluye dos viejos pianos destartalados, supuestamente pertenecientes a Sand y Chopin.

El patio de Son Ferrandell, en Valldemossa, siglo XVII.

PÁGINA OPUESTA: *Ingreso lateral al patio de Sant Martí, con reformas del siglo XVII y restos góticos.*

La escalera en el patio de Son Moragues.

PÁGINA OPUESTA: *Detalle del templete de Son Marroig.*

Hacia el Siglo XX

Como hemos visto, la llegada del archiduque Luis Salvador de Austria a la isla de Mallorca en 1876 inauguró un capítulo nuevo e importante en la vida de la isla. En muchos sentidos, llevó el mundo moderno a Mallorca, y como resultado de su hospitalidad en la isla y sus múltiples obras publicadas acerca de ésta, el número de turistas aumentó cada vez más. Los isleños se fueron abriendo lentamente a la idea de construir hoteles, casas de alojamiento y restaurantes y convertir el turismo en industria.

A principios de siglo ir a vivir a Mallorca, o sencillamente permanecer allí durante cierto tiempo, se había convertido en la moda más absoluta. Mallorca era barata, soleada y hermosa. Durante su juventud, entre los años 1915 y 1919, Joan Miró fue allí repetidamenete para pintar paisajes y regresó durante largos períodos a lo largo de toda su vida. En 1914 Gertrud Stein pasó algunos meses felices allí, junto a su amante Alice Toklas. Durante los primeros años del siglo XX, el poeta Robert Graves, nacido en Londres, fue tal vez el autor sobre el que Mallorca ejerció la mayor influencia; finalmente terminó por pasar la mayor parte de su vida en la isla. Sus libros han persuadido a otros a apreciar lo que él veía como la belleza mítica de la isla y la Mallorca del siglo XX cobra vida de un modo brillante a través de sus obras.

Graves amaba y admiraba a los mallorquines; a pesar de los múltiples y a menudo dramáticos acontecimientos que trastornaron el país, los isleños nunca cambiaron.

En su ensayo 'Porqué vivo en Mallorca', escrito en 1953, traza un retrato profundamente afectuoso y benévolamente irónico de este pueblo:

> . . . 'Siempre han sido amantes de la libertad, aunque sean firmemente conservadores; son sumamente morales, aunque sean unos escépticos confirmados con respecto a la doctrina eclesiástica; la violencia física, la ebriedad o cualquier violación de la buena educación, por ejemplo la avaricia, les produce un profundo desagrado'.

La primera que sugirió que Mallorca era un sitio ideal para que Robert Graves trabajara y viviera con su amante, la poetisa americana Laura Riding, fue Gertrud Stein, en el año

Pintura en el techo de la sala de los conciertos del Palacio del Rey Sancho, Valldemossa.

PÁGINA OPUESTA: *Artesonado de la galería gótica en la Almudaina.*

Detalle de la logia de la Granja, obra cercana a 1716.

Detalle de un dormitorio en el Palacio del Rey Sancho.

La galería del Palacio del Rey Sancho.

1929. Las aseveraciones de Stein de que 'los mallorquines son un pueblo alegre, limpio y amistoso, con una cultura igual a la del sur de Francia y que desde un punto de vista agrícola aún pertenecían al siglo dieciocho' parecieron convincentes. Parece que añadió que los mallorquines eran amistosos y honestos y que la isla era 'un Paraíso, si es que puedes soportar aquello'.

Graves, que en aquel entonces tenía unos treinta y tantos años y estaba cosechando el éxito de su célebre novela sobre la primera Guerra Mundial, *Adiós a todo eso*, acababa de abandonar a su esposa e hijos y anhelaba abandonar Inglaterra lo antes posible. Quería encontrar un lugar donde 'la ciudad siguiera siendo la ciudad, y el campo, el campo, y donde el arado no se hubiera convertido en un anacronismo'. Mallorca le atraía; España siempre le había atraído y, como estudioso del latín, el idioma castellano no le resultaba difícil de aprender. Además, como señala su biógrafa Miranda Seymour, había comprobado que las Baleares habían sido identificadas por los pueblos antiguos como las islas de los pinos y que la palabra derivaba del talento de los habitantes para manejar las hondas. La idea de 'una isla de honderos' le resultaba atrayente, y también la perspectiva de vivir entre personas que descendían de los moros y los cartagineses.

Por otra parte, no era un lugar en el que se sintiera completamente apartado del resto del mundo. En los años treinta, Mallorca estaba ya llenándose de extranjeros; había familias inglesas y norteamericanas que vivían en aldeas o casas rurales por toda la isla, y en Palma se estaba desarrollando una próspera colonia de alemanes. Graves y Riding finalmente se establecieron en Casa Salerosa, cerca de la aldea de Deiá y de cara al mar. Más adelante escribiría que en Deiá había encontrado todo lo que necesitaba para su vida como autor: ...'el sol, las montañas, agua fresca, árboles umbrosos, ausencia de política y algunos lujos civilizados como la luz eléctrica y un servicio de autobuses a Palma'... Graves también se sentía fascinado por lo que él consideraba un paisaje mágico y místico. Le asombraba la luz de la luna, que brillaba con tanta luminosidad sobre los montes Teix que parecía el sol. Sabía que la misma palabra 'Deiá' derivaba de la palabra griega que significa 'diosa' y la ciudad le parecía un primitivo lugar de culto.

Graves vivió en Deiá desde 1930 hasta el inicio de la guerra civil española. Pasó unos años 'vagando desconsoladamente' por Europa, y soñando constantemente con Mallorca. 'También anhelaba los frutos de mi jardín', escribiría muchos años más adelante, 'el olor de la madera de olivo al quemarse; la charla de los jugadores de cartas en el café del pueblo; las alegres aguas verdes de la caleta; las rocas del monte Teix abrasadas por el sol; el estudio silencioso y encalado; las esquilas de las ovejas, el rumor nocturno de los buhós, los ruiseñores, las ranas y el oleaje distante...'

Cuando Graves regresó a Deiá al final de la guerra civil, tenía una esposa nueva, Beryl, y niños pequeños. Habían pasado muchos años, pero para su gran alegría descubrió que su paraíso mallorquín no había cambiado. Su descripción de la vida en la isla a finales de los cuarenta y principios de los cincuenta nos proporciona la sensación de que Mallorca seguía siendo un lugar muy rural y sencillo, donde una barra de pan podía costar lo mismo que una botella de champaña, y donde el turismo seguía limitándose a un pequeño grupo de personas aventureras. E incluso cuando los turistas se convirtieron en algo común a principios de los cincuenta, gracias a lo que Graves irónicamente definió como el 'período de Mallorca, la Isla del Amor', no se estropeó. Graves sugiere que esto se debe sobre todo al hecho que la mayoría de los caminos de Mallorca eran demasiado incómodos, lo que imposibilitaba que grandes cantidades de personas pudieran recorrerla en coche o en autobús.

Graves vivió en la isla hasta el final de su vida. Aunque no había dejado de regresar a Inglaterra a lo largo de los años 'para que los niños no olvidaran que son ingleses', para comprar libros imposibles de encontrar en Mallorca y para encontrarse con amigos y parientes, el verdadero hogar de Graves, el hogar de su corazón, era Mallorca. Todas las visitas a Inglaterra, escribió en una oportunidad, le hacían sentirse más aliviado que nunca por haber escuchado el consejo de Gertrud Stein.

PÁGINA OPUESTA: *Una de las entradas de Miramar, con su singular esgrafiado.*

Graves murió en diciembre de 1985 a los noventa años de edad. Al final ya no lograba reconocer los lugares o las personas. Su amada casa, Canellun o Ca N'Alluny, aún existe. Su cuerpo yace bajo una losa de piedra lisa en un rincón intacto del cementerio en las alturas de Deiá. Su vida ha presenciado y dado testimonio de la transformación de Mallorca de un refugio rural que, agrícolamente hablando, 'seguía perteneciendo al siglo dieciocho' en la isla moderna y cosmopolita que es en la actualidad.

Detalle del templete en mármol de Carrara en Son Marroig construido por el archiduque Luis Salvador.

Bibliografía

Byne, Arthur and Stapley, Mildred, *Casas y Jardines de Mallorca*, Barcelona, 1928

Ferrá, Bartomeu Juan, *El Archiduque Errante*, ed. Font, Miquel, Palma de Mallorca, 1994

Graves, Robert, 'Why I live in Majorca', 1953

------, 'George Sand in Majorca'

------, *Majorca Observed*, London, 1965

Habsburg-Lotheringen, Ludwig-Salvador von, *Die Balearen in wort und bild geschildert,* Leipzig, 1869-91

------, *Catalina Homar*, Prague, 1905

------, *La Ciudad de Palma*, Palma de Mallorca, 1984

------, *Lo que sé de Miramar*, Mallorca, 1911

Laurens, J. B., *Souvenirs d'un voyage d'art à l'île de Majorque*, 1840; reprinted Palma, 1971

Les Possessions Mallorquines de L'Arxiduc, Edicions Cort, Palma de Mallorca, 1994

Lettres de Chopin et de George Sand, Antigua Imprenta Soler, Palma de Mallorca, 1975

Murray, Donald, *La Casa y el Tiempo*, ed. Olañeta, Palma.

Prats, Nicolas, *Mallorca, descripción de 1817*, Palma, 1975

Rusinol, Santiago, *Majorca: The Island of Calm*, Barcelona, 1958

Saint-Sauveur, André Grasset de, *Voyage dans les îles Baléares et Pithiuses*, 1807; reprinted Palma, 1952

Sand, George, *Un hiver à Majorque*, trans. and ed. Graves, Robert, 1838; reprinted London, 1956

Schezen, R. and Junquera, Juan José, *Spanish Splendour: Palaces, Castles and Country Houses*, New York, 1992

Segura, Miquel, *Possessions de Mallorca*, Mallorca, 1988

Seymour, Miranda, *Robert Graves: Life on the Edge*, New York, 1995

Trim's Guide: How to live in Majorca, Palma de Mallorca, 1957

Vuillier, Gaston, *Les Isles Oubliées*, Paris, 1893

Wood, Charles W., *Letters from Majorca*, London, 1888

PÁGINA OPUESTA: *Detalle de una de las esquinas en la cubierta de S'Estaca.*

PÁGINA 222: *Detalle de una arquilla del siglo XVII en Ca Dona Mira, Palma.*

IHS

Indice

Los números de páginas en **negrita** se refieren a los pies de fotos